Johannes Baumann | Thomas Götz

Werteorientierung und Wertebildung in der Schulentwicklung

Grundlagentexte Pädagogik

Johannes Baumann | Thomas Götz

Werteorientierung und Wertebildung in der Schulentwicklung

Die Autor:innen

Johannes Baumann, war Lehrer und 30 Jahre Schulleiter am Gymnasium Wilhelmsdorf, war Lehrbeauftragter an der Universität Konstanz, bildet Schulleitungen und Lehrkräfte weiter, ist Schulberater (auch im Rahmen des Deutschen Schulpreises) und Autor (nähere Informationen unter www.schule-geht-auch-besser.com).

Thomas Götz, Professor für Bildungspsychologie und gesellschaftliche Veränderungen an der Fakultät für Psychologie der Universität Wien; Forschungs- und Lehrschwerpunkte in den Bereichen Unterrichtsqualität, Selbstreguliertes Lernen und Emotionen im Lern- und Leistungskontext (weitere Informationen unter https://bildung-psy.univie.ac.at).

Dieses Buch ist erhältlich als:
ISBN 978-3-7799-7786-5 Print
ISBN 978-3-7799-7787-2 E-Book (PDF)

1. Auflage 2024

Herstellung und Satz: Ulrike Poppel
Druck und Bindung: Beltz Grafische Betriebe, Bad Langensalza
Beltz Grafische Betriebe ist ein klimaneutrales Unternehmen (ID 15985-2104-100)
Printed in Germany

Weitere Informationen zu unseren Autor:innen und Titeln finden Sie unter: www.beltz.de

Inhalt

Vorwort

Die Wertebildung ist angesichts besorgniserregender gesellschaftlicher und globaler Tendenzen eine der großen Herausforderungen, vor die sich die Schulen zunehmend gestellt sehen. Und weil Schulen unsere Zukunft maßgeblich prägen, ist sie auch mit großer Hoffnung für eine auf Werten basierende Weiterentwicklung von Individuen und damit auch unserer Gesellschaft verbunden. Wertebildung ist jedoch ein immer noch weitgehend vernachlässigtes Thema an Schulen, das für Lehrer*innen in fundierter Weise gar nicht oder nur zufällig und beiläufig auf der Agenda steht. Vor diesem Hintergrund geht dieses Buch die Thematik von Werteorientierung und Wertebildung systematisch an ohne dabei die schulpraktische Perspektive aus dem Auge zu verlieren.

Wir nehmen als normativen Ausgangspunkt analog zum Grundgesetz die Achtung der Menschenwürde und die damit verbundenen Grundrechte, die nicht nur der Staat seinen Bürger*innen, sondern diese sich auch wechselseitig zu gewähren haben. Der Impetus, auf die Werteorientierung in den Schulen mit Sorgfalt zu achten, geht auch von dem Sachverhalt aus, dass Werte in der Schule vielfach missachtet und die Würde – nicht nur der Schüler*innen – im schulischen Alltag häufig verletzt wird.

Es werden die Dimensionen der Werteorientierung und Wertebildung entwickelt und in verschiedenen schulischen Handlungsfeldern dargestellt, so dass die große und diffuse Thematik der Werte in der Schule nicht nur überschaubar, sondern handhabbar (handelbar) gemacht wird. Damit ist der Übergang zur Schulentwicklung in Hinsicht auf Werteorientierung und Wertebildung vollzogen.

Als praktische Hilfestellung werden unter anderem kurze Fragebögen vorgestellt, die im Kontext von permanenten Minileitbildprozessen eingesetzt werden können.

Und wie steht eine Schule am Ende da, wenn sie sich intensiv und erfolgreich – vermutlich über Jahre – der Werteorientierung und Wertbildung gewidmet hat? Ein solche Schule wird eine offene Schule sein, deren Merkmale wir skizzieren. Sie wird eine integrative und inklusive Schule sein. Sie wird offen für Völkerverständigung und auf jeden Fall antirassistisch sein. Sie wird eine weltoffene und zukunftsoffene Schule sein. Sie wird innovativ sein. Und es wird eine Schule sein, in die die Schüler*innen nicht nur gerne gehen und sich in dieser Schule wohl- und geachtet fühlen, weil sie in ihr eine Stimme haben. Es wird auch eine Schule sein, in der seitens der Schüler*innen eine hohe Leistungsbereitschaft herrscht.

Es gibt zahlreiche Veröffentlichungen zur Demokratiebildung. Aber mit dem umfassenden Ansatz der Werteorientierung und Wertebildung schließt dieses Buch, das sich gleichermaßen an Lehrer*innen und Schulleitungen wendet, nicht nur eine klaffende Lücke, sondern öffnet mit seinen innovativen Ansätzen auch neue Perspektiven für die Schulentwicklung.

Wir würden uns freuen, wenn das Buch Mut macht, dieses wichtige Thema der Werteorientierung und Wertebildung anzupacken. Und Schulen zu vorbildlichen Orten erfahrbarer Wertschätzung und zu würdevollen Orten zu machen, ist ein Ziel, das alle Mühe lohnt. Es gibt kaum einen Beruf, der annährend so (zukunfts-)bedeutsam ist, wie der der Lehrer*innen.

Wilhelmsdorf und Wien im Mai 2023
Johannes Baumann und Thomas Götz

1 Ausgangspunkt Menschenwürde

„Alle Menschen sind frei und gleich an Würde und Rechten geboren."
UN-Menschenrechtserklärung 1948

„Die Würde des Menschen ist unantastbar. Sie zu achten und zu schützen ist die Verpflichtung aller staatlichen Gewalt." GG Art. 1 (1). – Mit diesem grundlegenden und markanten Satz beginnt das seit 1949 geltende Grundgesetz. Er verpflichtet – nach den Erfahrungen der nationalsozialistischen Diktatur – in erster Linie den Staat, die Würde der Menschen zu achten. Gleichwohl ist er auch eine Norm, die nicht nur den Staat und seine Institutionen (also auch die Schulen) im Umgang mit den Menschen (in der Schule: mit den Schüler*innen) bindet, sondern auch jeden einzelnen Bürger. Damit ist diese Norm auch als ein Bildungsziel zu verstehen.

Exkurs Menschenwürde

Eine Ethik der Menschenwürde ist ein ethischer Ansatz, der weit über die minimalistische Sozialmoral (nicht töten, nicht stehlen etc.) traditioneller Stammesethiken hinausgeht. Historisch gesehen ist die Idee und der damit verbundene Anspruch der Menschenwürde vergleichsweise sehr jung. Zwar gibt es unterschiedliche Strömungen, die für die Idee der Menschenwürde historisch Pate gestanden sind (eine Wurzel wird in dem Gottebenbildlichkeitsgedanken des Menschen im Judentum und Christentum gesehen), an Fahrt aufgenommen – vor allem praxisrelevant – hat der Gedanke der Menschenwürde (und der damit verbundene Ansatz der Grund- und Menschenrechte) erst in der Aufklärung und den mit ihr in Verbindung stehenden Revolutionen in Amerika und Frankreich am Ende des 18. Jahrhunderts. Ist der Gedanke der Menschenwürde aber einmal in der Welt und Teil von bestehenden Rechtsordnungen (wie etwa im Grundgesetz der BRD), entfaltet dieser Ansatz notwendiger Weise einen universalen, kulturunabhängigen Anspruch. Da die Menschenwürde jedem Menschen qua Menschsein zukommt, kennt sie keine Schranken. Sie ist sozusagen per definitionem unteilbar und universal. Sie gilt als vorstaatlich. Sie gilt – im Gegensatz zu den Bürgerrechten – nicht nur für Mitglieder eines Staates, sondern wird allen Menschen gewährt.

Als eine späte Errungenschaft in der Menschheitsgeschichte war und ist die Idee der Menschenwürde und der Menschenrechte der Menschheit nicht in die Gene geschrieben. Sie ist kein evolutionärer Zielpunkt, sondern eine kontingente Erscheinung, eine Konvention, die sich im Wesentlichen (zunächst) nur in einem Teil der Welt entwickelt hat. Ihre Erscheinung war nicht notwendig. Man kann die Idee der Menschenwürde auch als eine Konvention verstehen, die aber in einer bestimmten Gesellschaft – insbesondere einer zunehmend anonymen Massen- und Weltgesellschaft, in der die Kräfte der Stammesmoral an Tragkraft verlieren – durchaus eine hohe Plausibilität hat. Sie ist als eine der größten Errungenschaften der Menschheit zu sehen. Und sie muss sorgfältig gepflegt und weitergeben werden. Sie ist – einmal bejaht – eine Grundnorm, hinter die man nicht zurückfallen, die nicht aufgeweicht werden darf.

Die allgemeine Erklärung der Menschenrechte der Vereinten Nationen von 1948 ist zwar ein offizielles, aber kein völkerrechtlich bindendes Dokument der VN und auch nicht von allen Staaten der Welt ratifiziert, dennoch kommt dieser Erklärung argumentativ eine große Bedeutung zu. Eine offene Ablehnung der Menschenrechte ist kaum mehr möglich. Eher wird immer wieder von autokratisch regierten Ländern (deren Zahl derzeit leider zuzunehmen scheint) darauf verwiesen, dass die Menschenrechte aus einer bestimmten Kultur entstanden sind oder dass sie als ein postkoloniales Bevormundungsinstrument des kulturellen Westens genutzt werden.

„Die Würde des Menschen ist unantastbar“ bedeutet für die Schulen in Deutschland mindestens zweierlei: Zum einen, die Schule so zu führen und ihre Entwicklung so voranzutreiben, dass die Würde der Kinder und Jugendlichen (und natürlich auch aller am Schulleben Beteiligten) umfassend gewahrt wird (Kap. 7), was in der Praxis des Schulalltags auf personeller und struktureller Ebene nicht immer gewährleistet ist (Kap. 3) und immer wieder neu angestrebt werden muss. Hierbei ist in besonderer Weise zu bedenken, was es gerade innerhalb einer Schule, also gegenüber Heranwachsenden – Kindern und Jugendlichen – bedeutet (Kap. 6), im Rahmen des Bildungsauftrags die Menschenwürde umfassend zu achten. Die auf der Menschenrechtskonvention aufbauende „UN-Kinderrechtskonvention formuliert eine anwaltschaftliche Grundeinstellung, nach der es ein lebensaltersspezifisches Recht auf Wohlergehen gibt – ein Wohlergehen, das sich neben leiblicher und seelischer Unversehrtheit auch in dem Zugang zu Entwicklungschancen ausdrückt,“ resümiert Ralf Koerrenz (2019). Zum anderen geht es nicht nur um die Gewährleistung der Menschenwürde, sondern auch um die Bildung der Kinder und Jugendlichen im Sinne von Menschenwürde. Das Letztere ist ohne das Erste nicht denkbar. Die Wertebildung geschieht dabei innerhalb der Schulen in einer Zeit und Welt, die von teils globalen Strömungen und Tendenzen geprägt ist, die sich als besondere Herausforderungen für die Erziehung zur Menschenwürde darstellen, weil sie diese zu untergraben drohen. Erschwert wird die diesbezügliche schulische Wertebildung durch die Globalität und Abstraktheit dieser Bedrohungen (Kap. 2). So stellt sich immer wieder die Frage nach den Möglichkeiten des Einzelnen in einer global vernetzten und undurchsichtig interdependenten Welt. Auch die Zukunftsbezogenheit vieler notwendiger Entscheidungen (z. B. im Bereich des Klimaschutzes – Auto: groß oder klein, oder lieber doch ÖPNV) fordert ein Abstrahieren-Können vom Hier und Jetzt. Das stellt die heutige Generation und insbesondere die Schulen vor ethische Herausforderungen, wie sie zuvor in der Geschichte noch kaum gegeben waren. Damit stehen die Schulen vor dem doppelten Auftrag, den Schüler*innen zukunftsfähige fachliche und überfachliche

Kompetenzen zu vermitteln, ihnen aber auch eine solide Werteorientierung im Sinne der Menschenwürde mit auf den Weg zu geben.

Eine Haltung, die die Menschenwürde achtet, kann nicht länger nur reaktiv sein. Dafür sind die Herausforderungen auf den verschiedensten Feldern (Kap. 2) zu dramatisch. Heute kommt es darauf an, Menschenwürde als einen initiativen und proaktiven Ansatz zu vertreten und entsprechende Konzepte auch in den Schulen anzubahnen. Wie vielfältig die Herausforderungen sind und wie sehr die Schulen dabei zum Teil auch mit sich selbst beschäftigt sind bzw. sich selbst sogar im Wege stehen, wird sich im Folgenden (Kap. 3) zeigen. Werfen wir aber zunächst einen Blick auf die eher globalen Herausforderungen, vor denen unsere Welt zurzeit steht.

2 Wertebildung vor dem Hintergrund gesellschaftlicher und globaler Tendenzen

Gesellschaftliche Entwicklungen und Veränderungen tangieren in besonderer Weise auch die Schule und weisen ihr im Hinblick auf die Erziehung und Persönlichkeitsbildung im Sinne der Menschenwürde und im Hinblick auf die Zukunftsbedeutung und Zukunftsorientiertheit der Gesellschaft eine zentrale Rolle zu.

Es sind teils dramatische Entwicklungen und Tendenzen in unserer Zeit, die für die Schulen im Hinblick auf Wertebildung große Herausforderungen darstellen. Einige dieser beobachtbaren Entwicklungen werden hier kurz beschrieben. Es wird dabei ein erster Blick auf die Schule und ihre Bedeutung für die Wertebildung geworfen.

2.1 Populismus

In der heutigen Gesellschaft – ein weltweites Phänomen – greift ein zunehmender (insbesondere rechtsorientierter) Populismus um sich. Er ist teilweise bis in die höchsten Kreise salonfähig geworden. Der Populismus kann als das Bemühen um Manipulation möglichst großer Kreise der Bevölkerung verstanden werden. Seine Wirksamkeit verdankt er insbesondere auch den sozialen Medien. Mit populärer Rhetorik werden bestimmte Themen aufgegriffen, emotional aufgeladen, um vorhandene Stimmungen auszunutzen oder Stimmungen hervorzurufen. Dabei werden politische Zwecke so verfolgt, dass sie die eigene Position stärken, den Machterhalt oder Machtgewinn unterstützen. Was auf der Strecke bleibt, ist nicht nur die Wahrheit bzw. das ergebnisoffene Bemühen um sie, sondern schon im Vorfeld der faire Diskurs. Fakten werden ignoriert, geleugnet oder als erfunden dargestellt. Der Populismus hat den Verlust einer Kultur des Zuhörens und des Aushandelns von politischen und gesellschaftlichen Kompromissen zur Folge. Er trägt zur Spaltung der Gesellschaft in zunehmend unversöhnliche Lager bei. Populismus kann von links und von rechts als machtpolitisches Instrument genutzt werden. Derzeit sind es überwiegend rechtsorientierte bzw. rechtsradikale Strömungen, die sich in besorgniserregender Weise populistischer Methoden bedienen. Für die Schule und ihr Bildungsbemühen ist der Populismus in der Tat eine große Herausforderung. Ziel sollte sein, die Selbstständigkeit und Mündigkeit der Schüler*innen, eine gründliche selbstständige Urteilsfähigkeit und damit Unabhängigkeit zu generieren.

2.2 Die Polarisierung der Gesellschaft und damit verbundene antidemokratische Tendenzen

Der Populismus trägt ohne Zweifel zur Spaltung von Gesellschaften in ideologischer Hinsicht (rechts und links) bei. Allerdings gibt es eine Reihe von weiteren Spaltungslinien. So ist seit Jahren – global und national – ein Auseinanderdriften von Unten und Oben, von Arm und Reich zu beobachten bei einer gleichzeitigen Erosion der für die Kohärenz und die Stabilität einer Gesellschaft so wichtigen Mitte (vgl. Butterwege [2]2020). Dem sagenhaften und sich jedem Vorstellungsvermögen entziehenden Reichtum einiger weniger und dem großen Reichtum der oberen Mittelschicht steht die immer größer werdende Gruppe derer, die irreversibel in Armut versinken, gegenüber. Arm geboren zu werden, wird immer mehr – trotz aller Beteuerungen der Chancengleichheit – zu einem bereits mit der Geburt festgelegten Schicksal. Damit wird die moderne Gesellschaft auf eine neue Weise wieder von quasi standesgesellschaftlichen (mittelalterlichen) Verhältnissen geprägt, die eigentlich als überwunden galten. Natürlich wird auch dieser Sachverhalt – teilweise populistisch verkürzt – durch spezielle Sichtweisen auf die Gesellschaft zu legitimieren versucht (Arbeit muss sich lohnen, alle haben die gleichen grundlegenden Chancen etc.). Die Herausforderung für Schule und Bildung, so sie denn an den grundlegenden Werten der Menschenwürde orientiert sein will, besteht auch in dieser Hinsicht darin, in umfassender Weise Chancengerechtigkeit herzustellen, Benachteiligte kompensatorisch zu fördern und die grundlegenden Werte unserer Gesellschaft erlebbar und positiv konnotiert zu machen.

2.3 Die Bildungsungerechtigkeit

Damit sind wir bei der chronischen Bildungsungerechtigkeit – und damit endgültig bei der Arbeit der Schulen – angekommen. Chronisch ist die Bildungsungerechtigkeit insofern, als nun schon seit über 20 Jahren – seit der ersten PISA-Erhebung – insbesondere den deutschen Schulen eine erhebliche Schwäche bei der Gewährleistung von Bildungsgerechtigkeit – ein entscheidender Aspekt der Chancengleichheit und Chancengerechtigkeit – attestiert wird. Natürlich ist diese fehlende Bildungsgerechtigkeit zu weiten Teilen nicht der einzelnen Schule anzulasten, sondern häufig politisch verursacht (durch entsprechende Schulstrukturen [Gliedrigkeit des Schulsystems, fehlender Ganztag], durch Unterfinanzierung und durch Mängel in der Professionalität [keine Multiprofessionalität an Schulen, d. h. fehlende Fachkompetenz; Ausbildungsdefizite etc.]). Dennoch ist es die Aufgabe jeder einzelnen Schule, im Rahmen ihrer Möglichkeiten der Bildungsungerechtigkeit nach Kräften entgegenzuwirken.

2.4 Unbefriedigende Integration und Inklusion

Auch Integration und Inklusion – nach den obigen Ausführungen keine Überraschung – entsprechen in Deutschland nicht den immer wieder bekundeten politischen Absichten. Die Schwächen bei der Integration zementieren die soziale Ungleichheit und leisten der Entstehung von Parallelgesellschaften Vorschub, müssen aber politisch-gesellschaftlich perspektivisch als destabilisierend und zunehmend teuer angesehen werden. Von der mangelnden Integration sind im Raum der Schule Kinder aus sozial schwachen Milieus betroffen. Völlig unbefriedigend läuft die Integration von Kindern mit Migrationshintergrund und auch von Kindern von Geflüchteten.

Auch die Inklusion von Menschen mit Behinderung gelingt in Deutschland nicht wirklich. Zwar sind Versuche, die Behindertenrechtskonvention der Vereinten Nationen umzusetzen, seit Jahren zu beobachten, doch tut sich Deutschland im Rahmen der traditionell und vor allem im Hintergrund immer noch präsenten Dreigliedrigkeit des Schulsystems schwer, die Inklusion schlüssig und einheitlich umzusetzen. Vielfach bleibt die Aufgabe der Inklusion am guten Willen und der Vor-Ort-Kompetenz der Einzelschule hängen.

Dennoch können sich Schulen offen für Integration und Inklusion zeigen und damit auch im Hinblick auf diese gesellschaftlich und menschenrechtlich relevanten Fragen einen Lernraum schaffen, in dem Begegnung und Miteinander glaubhaft und spürbar praktiziert und Berührungsängste abgebaut werden.

2.5 Die Digitalisierung, die Frage ihrer Gestaltung und der Umgang mit ihren Auswirkungen

Eine weitere Herausforderung stellt die nicht mehr wegzudenkende Digitalisierung dar, die mit unglaublicher Dynamik sich weiterentwickelt und die Realität der Menschen verändert. Die Digitalisierung hat längst in den Schulen Einzug gehalten (wenn auch für viele nicht schnell und umfassend genug) und wird massiv weiter ausgebaut. Gleichwohl ist davon auszugehen, dass die Schulen im Hinblick auf die technische Ausstattung und bei der Entwicklung und Vermittlung von Kompetenzen der Wirtschaft, Industrie und den Freizeitanwendungen hinterherhinken werden (die Geschwindigkeit schulischer Reformen könne nicht mit der Geschwindigkeit der Digitalisierung standhalten. [Eickelmann/Drossel 2019, S. 447]). Natürlich schafft die Digitalisierung (Big Data, KI, VR) ungeahnte Möglichkeiten, erweitert und beschleunigt das Spektrum unseres Handelns und bietet viele Chancen, insbesondere, wenn man gelernt hat, die Instrumente der digitalen Welt souverän zu nutzen. Aber sie ist auch mit ganz besonderen ethischen Herausforderungen verbunden:

- **Diffuse Informationsvielfalt und Unübersichtlichkeit.** Alle Menschen, die über digitale Medien verfügen, sehen sich einer unglaublichen und bisher nicht gekannten Informationsfülle und der Konfrontation mit unterschiedlichen Handlungsmöglichkeiten und Handlungsempfehlungen gegenüber. Diese Vielfalt und Unübersichtlichkeit und die Dynamik der Entwicklung können als Stressor empfunden werden oder auch Resignation, das Gefühl der Hilflosigkeit und Angst auslösen. Damit Jugendliche von ihrem Selbstentfaltungsrecht (und damit von ihrem Grundrecht der Freiheit) Gebrauch machen können, ist es wichtig, dass sie mit den Möglichkeiten der Digitalisierung vertraut gemacht werden und Strategien vermittelt bekommen, sich in einer diffus erscheinenden und von Algorithmen gesteuerten Informationswelt sicher zu bewegen.

- **Zugangsbarrieren.** Auf der anderen Seite gibt es viele Menschen, die nicht über die gleichen Zugangsmöglichkeiten in die digitale Welt verfügen. Das schafft Ungleichheit und entspricht nicht dem Gerechtigkeits- und Chancengleichheitsgebot. Die Schule kann zwar eine materiale Gleichheit außerhalb der Schule nicht herstellen, sie kann aber dafür sorgen, dass in der Schule hinsichtlich der technischen Ausstattung die gleiche Zugänglichkeit für alle (auf einem hohen Niveau) und das Erlernen des Umgangs mit den entsprechenden Medien auf gleiche Weise ermöglicht werden.

- **Beschleunigung.** Die Dynamik und Geschwindigkeit der digitalen Entwicklung fordern nicht nur eine gute Antizipation von Entwicklungen, sondern auch auf Seiten der Schüler*innen eine Offenheit und Bereitschaft, lebenslang zu lernen. Es ist auch hier an den Schulen, nicht nur Ängste abzubauen, sondern entsprechende Grundhaltungen – flankiert durch Erfahrungen der Selbstwirksamkeit – aufzubauen.

- **Anonymisierung.** Begleiterscheinung der Digitalisierung können Anonymisierung und Vereinsamung sein. Man droht in der namenlosen Masse einer anonymen digitalen Welt unterzugehen. Auf gewisse Weise treibt die Digitalisierung die Massengesellschaft auf die Spitze. Selbstwert – und immer auch der Respekt vor dem mit dem Begriff der Würde ausgestatteten Wert des anderen – und eine nach Bedarf individuell austarierte Balance zwischen der realen sozialen Welt (mit Beziehungs-, Partnerschafts- und Freundschaftserfahrungen) und den ‚sozialen' Medien muss im Interesse der Jugendlichen in der Schule vermittelt werden. Und dass in den sozialen Medien, die – trotz ihrer rund-um-die-Uhr-Verfügbarkeit und ihres Echtzeitanspruchs – Beziehungen zum Teil anonymisieren oder irgendwie in die Ferne rücken (bei gleichzeitigen gruppendynamischen Prozessen), auch menschenverachtende Prozesse wie

Cybermobbing ablaufen, ist aus ethischer Sicht und im Interesse aller Jugendlichen eine Herausforderung für die Schulen.

- **Verlust von Persönlichkeitsrechten**. Als Einzelner wird man in der digitalen Welt in jeder Hinsicht vermessen. Dem anonymen Netz bleibt keine Neigung, kein Interesse einer Person verborgen. Das öffnet der Manipulation von Menschen Tür und Tor. Diese Manipulation zielt – keineswegs harmlos – bestenfalls auf das Kaufverhalten von Menschen (Degradierung des Menschen zum Konsumenten), schlimmstenfalls auf die Beeinflussung ihrer Meinung und die Steuerung ihres gesellschaftlichen und politischen Verhaltens. Diese Prozesse sind zwar durch die Schulen nicht wirklich heilbar, fordern aber eine intensive Aufklärung und die Vermittlung von Kompetenzen, um die eigene Autonomie zu wahren.
  Um die Digitalisierung im Zuge der eigenen Selbstentfaltung (ein zentraler Aspekt des Grundwertes der Freiheit) nutzen zu können (was Sich-schützen-können, aber vor allem auch Kreativ-sein-können umfasst), bedarf es – wie wir an einigen Beispielen gesehen haben – nicht nur der Vermittlung von Werten, sondern im Sinne dieser Werte auch des Aufbaus zahlreicher Kompetenzen, deren Erlernung in der Schule im wohlverstandenen Interesse der Kinder und Jugendlichen auf der Agenda stehen sollte.

2.6 Umweltzerstörung und Klimawandel

Gegenwärtige Tendenzen im Umgang mit unserer Umwelt, ihrer Ausbeutung, beim Verbrauch von Rohstoffen und dem Ausstoß von Schadstoffen haben dazu geführt, dass es fraglich ist, ob gegenwärtige und insbesondere zukünftige Generationen – überall auf der Welt – noch ein ‚gutes Leben' (Bormann 2019, S. 459) führen können. Ein Scheitern hat – wie heute allgemein bekannt – weitreichende Folgen. Umweltkatastrophen, Nahrungsmittelknappheit, das Ansteigen des Meeresspiegels, Zunahme des Hungers auf der Welt und durch diese Phänomene ausgelöste Migrationsbewegungen oder kriegerische Auseinandersetzungen sind das jetzt schon sich abzeichnende Szenario. Jenseits (aber auch in Anerkennung) der Proteste von Jugendlichen (z. B. Fridays for Future) ist die Bildung für nachhaltige Entwicklung eine Aufgabe der Schule. Nur eine intakte Umwelt ist dauerhaft – und vor allem weltweit gedacht! – die Grundlage für einen menschenwürdigen Wohlstand für alle und für den Erhalt des Friedens. Bildung für nachhaltige Entwicklung zielt auf ethische Einsicht (Umweltethik) und eine ethische Grundhaltung im Sinne der Menschenwürde für alle (wobei hier auch zukünftige Generationen mitgedacht werden müssen). Wie bei anderen Herausforderungen muss die ethische Einsicht und die Vermittlung von einer Grundhaltung der Verantwortung verbunden sein mit dem Erlernen spezifischer Kompetenzen. So sollen Lernende in die Lage versetzt werden, „komplexe Probleme nicht-nachhaltiger Entwicklung kritisch zu reflektieren und zu verstehen. Lernende sollen die Fähigkeit erwerben, gemeinsam mit anderen strategische Entscheidungen zu treffen, die dazu beitragen, eine nachhaltige Entwicklung zu gestalten, damit heutige und künftige Generationen ein gutes Leben führen können. Dazu bedürfen Lernende nicht nur eines profunden fachlichen Wissens, sondern ebenso die Fähigkeit zum vernetzten, interdisziplinären Denken." (Bormann 2019 S. 466)

2.7 Die Bedrohung von Frieden und Sicherheit

Im Hinblick auf die Zunahme militärischer Gewalt und um sich greifenden Militarisierung zahlreicher, vor allem autokratisch regierter Länder und der weltweit ansteigenden Rüstungsausgaben ist es wichtig, nicht nur eine grundlegende menschenrechtliche Einstellung aufzubauen, sondern auch friedenspädagogische Aspekte in der Schule nicht nur zu thematisieren, sondern – etwa über in der Schule angewandte Konfliktlösungsstrategien – erfahrbar zu machen.

2.8 Die Missachtung des Tierwohls

Tierrechte zu beachten, lässt sich anthropozentrisch (Tiere sind wichtig für den Menschen) oder pathozentrisch (über ihre Fähigkeit, Leiden zu empfinden) begründen. Aber zunehmend wird heute gesehen – und über Tierschutzbestimmungen wird dem auch ein Stück weit Rechnung getragen –, dass Tieren auch eigene Rechte zukommen. Sie sind ein Teil unserer Mitwelt. Es ist hier nicht der Ort, eine Tierethik zu entwerfen, aber für den schulischen Kontext ist es wichtig, dass auch bei Jugendlichen in der Schule eine Reflexion über den Stellenwert und Eigenwert von Tieren angestoßen wird und eine achtsame Haltung, die auf das Tierwohl zielt, angebahnt wird.

Allerdings sind die Kinder und Jugendlichen und die Schulen für die beschriebenen Problematiken nicht ursächlich. Alle genannten Punkte sind zutiefst politische Gestaltungsaufgaben. Dennoch sind Lösungen ohne eine entsprechende auch ethische Bildung im Rahmen der Schule dauerhaft und zukunftswirksam nicht denkbar.

In der Praxis bedeutet das, dass der schulischen Wertebildung im Interesse einer auch zukünftig für alle lebenswerten Welt größte Sorgfalt gewidmet werden muss. Die Schulen müssen die Wertebildung nicht nur auf ihre Agenda setzen, sondern ihr schnellstmöglich sehr viel Sorgfalt widmen.

3 Defizite der Schulen im Hinblick auf Werte und die Wertebildung

Es sind nicht nur Tendenzen der Gegenwart, die ein neues Nachdenken über die schulische Wertebildung notwendig machen. Schon immer sind Schulen Orte, eines teilweise indifferenten Lernens im Hinblick auf Werte. Das bedeutet, dass an Schulen in der täglichen Praxis – freilich in der Regel ungewollt, und meist wohl unbemerkt – im Hinblick auf Werte negatives Lernen z. T. in beträchtlichem Umfang stattfindet. Damit entspricht die tägliche Praxis in einem ernst zu nehmenden Umfang nicht den erklärten Absichten und Zielvorstellungen, wie sie vielleicht in den Leitbildern der Schule formuliert sind. Es ist auch davon auszugehen, dass negatives Lernen trotz aller Bemühungen nicht gänzlich unterbunden werden kann. Aber es kann minimiert werden. Und diese Minimierungsaufgabe ist und bleibt eine permanente Aufgabe jeder Schule.

Doch werfen wir zunächst einen Blick auf das, was wir mit negativem Lernen bezeichnen, versuchen wir zu erklären, wie es – selbst ungewollt – immer wieder stattfindet, worauf es zurückzuführen ist und wie es in seinen Wirkungen zu beurteilen ist. Negatives Lernen ist – neben allen anderen Begründungen – einer der wichtigsten Gründe, warum sich Schulen mit der Frage der Werteerziehung und Wertevermittlung dauerhaft und immer wieder neu beschäftigen sollten.

Wenn positives Lernen an der Menschenwürde orientiert ist, lässt sich das – was wir später noch ausführlicher tun werden – an elementaren Rechten konkretisieren. Aus der Menschenwürde ergeben sich Werte wie Freiheit, Gerechtigkeit, Gleichheit und Selbstbestimmung. Wertschätzung in den Interaktionen auf den verschiedenen Ebenen einer Schule ist – wenn sie echt ist – immer an diesen Werten orientiert. Wie oben angedeutet, werden diese grundlegenden Werte in der Schule aus unterschiedlichen Gründen nicht immer berücksichtigt. Zum einen gibt es dafür Ursachen, die unmittelbar mit der traditionellen und weitestgehend akzeptierten Konzeption von Schule zusammenhängen. Zum anderen liegt es an der Komplexität und Unkontrollierbarkeit zahlreicher schulischer Prozesse.

3.1 Schulstrukturelle Ursachen negativen Lernens

Beginnen wir mit den schulstrukturellen Ursachen, die durchaus vielfältig sind.

- **Fremdbestimmung.** Nicht zuletzt wegen der Schulpflicht sind Schulen durch ein hohes Maß an Fremdbestimmung geprägt. Von Schüler*innen werden vielfältige und hohe Anpassungsleistungen erwartet. Die Selbstbestimmung – wenn auch häufig als Ziel ausgegeben – nimmt dagegen einen vergleichsweise kleinen Raum ein, auch wenn man optimistisch davon ausgehen kann, dass sie altersgemäß etwas zunimmt. Die Schulpflicht bedeutet, dass die schulischen Unterrichtszeiten (Unterrichtsbeginn, Unterrichtsende) eingehalten werden müssen. Insbesondere der schulische Vormittag ist durch die im Stundenplan (der sich an der vorgegebenen Stundentafel orientiert) vorgesehene Fächerabfolge bestimmt. Die Lerninhalte sind im verpflichtenden Bildungsplan festgelegt. Im Unterricht selbst ist der Regie der Fachlehrer*innen und dem vorgesehenen Stundenverlauf sowohl in inhaltlicher als auch in methodischer Hinsicht zu folgen. Die Lerngemeinschaft – teilweise bis zur Sitzordnung – ist meist vorgegeben. Das hohe Maß an Fremdbestimmung – bis hin zu Sanktionsmöglichkeiten – wurde früher (bis in die 60er-Jahre des letzten Jahrhunderts) durch das besondere Gewaltverhältnis innerhalb der Schule legitimiert. Heute ist die Schule längst kein rechtsfreier Raum mehr, dennoch haben Lehrer*innen gegenüber Schüler*innen weitreichende Rechte. Die Einschränkung der Selbstbestimmung wird dadurch legitimiert, dass Schulen auch eine Erziehungs- und Disziplinierungsfunktion im wohlverstandenen Interesse der Kinder und Jugendlichen haben.

- **Kompetitives Denken**. Tief im Schulsystem (und natürlich auch in der Gesellschaft) verankert ist auch der kompetitive Ansatz. Schüler*innen werden permanent beurteilt, geprüft und benotet. Auch im Unterrichtsgeschehen finden – teilweise subtil – Bewertungen statt, die die Schüler*innen nicht unbedingt bloßstellen (auch das kommt leider noch viel zu häufig vor), sondern innerhalb einer Klasse oder im Vergleich zu einem*r Mitschüler*in einordnen. Heute ist es nur noch wenig zu beobachten, war aber bis vor einigen Jahren noch gängige Praxis, dass z. B. eine Klassenarbeit sortiert nach Noten und mit entsprechenden Kommentaren zurückgegeben wurde. Jedem*r Schüler*in und der ganzen Klasse war damit klar, wer leistungsmäßig im Vergleich zu anderen wo steht. Und dabei ging es nicht nur um das Leistungsvermögen („Du bist besser/schlechter als …“), sondern wurde oft auch klassenöffentlich das Verhalten von Schüler*innen beurteilt („Du warst fleißig/faul“ etc.). Die Schüler*innen übernehmen und verinnerlichen auf dem Hintergrund der allgegenwärtigen Notenpraxis dieses kompetitive Denken, es prägt ihre Art, sich in der Gesellschaft zu bewegen. Und es prägt die Art des Mit- oder Gegeneinanders in der Gesellschaft. Latent gefördert durch die tiefe Verankerung des kompetitiven Denkens wird möglicherweise auch eine gewisse Rivalität (Konkurrenzdenken) zwischen Mitschüler*innen und eine sich daraus ergebende Ellenbogenmentalität. Trotz aller begrüßenswerten Entwicklungen bleibt der kompetitive Ansatz des Gemessen- und Verglichenwerdens mit seinen zahlreichen teils problematischen und unwürdigen Begleiterscheinungen (tendenzielle Reduzierung der Persönlichkeit auf eine fachliche Kompetenz, Leistungsdruck, meritokratisches Prinzip) durch die schulische Notengebungspflicht bestehen. Für ‚auffällige' oder ‚schlechte' Schüler*innen seien „in erheblichen Teilen des Bildungswesens während der Jahre ihres Aufwachsens systematisch keine Quellen von Anerkennung vorgesehen." (Prengel, 2020, S. 101). Weiter spricht Prengel von ‚leistungsbezogenen Diskriminierungsformen'.

- **Unbefriedigende Integration.** Schulen – in der Regel auch entgegen aller erklärten politischen Absicht – wirken häufig wenig integrativ. Man kann ihre Wirkung auch als diskriminierend bezeichnen. Das trifft leider in vielfältiger Hinsicht zu.
  - Trotz der UN-Behindertenkonvention und aller Bemühungen, sie umzusetzen, ist das deutsche Schulsystem mit seiner Vielgliedrigkeit weit von wirklicher Inklusion entfernt.
  - Für Schüler*innen mit Migrationshintergrund gibt es zu wenig kompensatorische Angebote. Der schleppende Ausbau der Ganztagsschulen benachteiligt sie prinzipiell.
  - Ähnliches gilt für Schüler*innen aus sozial schwachen Familien. Herkunftseffekte werden in den Schulen nicht ausreichend kompensiert.

- **Wenig schülergerechte Architektur und Schulgestaltung.** Die Gestaltung der Schulräume wirkt herkömmlich nicht gerade wertschätzend für die Schüler*innen, die sich einen beträchtlichen Teil ihrer Lebenszeit in diesen Räumen aufhalten müssen. Noch immer sind Klassenzimmer an einer Tafel und dem Lehrerpult ausgerichtet, noch immer unterstützt die Architektur des Klassenzimmers vor allem die auf die Lehrkraft ausgerichtete Unterrichtsform. Die von den in Reihen sitzenden Schüler*innen erwartete Haltung ist die der kognitiven Aufmerksamkeit. Diese Form von Schule entspricht nicht den natürlichen Bedürfnissen von Kindern und Jugendlichen. Sich Wohlfühlen, sich bewegen können, die Schule auch als einen Lebensraum zu gestalten, war über Jahrzehnte nicht auf dem Schirm der schulischen Raumgestaltung. Auch die Ausstattung und Pflege der Räume – man denke an so manche Schultoilette – ist oft alles andere als vorbildlich und keinesfalls wertschätzend.

3.2 Lehrpersonenbezogene Ursachen negativen Lernens

Neben den sozusagen in der Struktur der Schulen verankerten Ursachen kann man negatives Lernen und weitere Defizite bei der Werteorientierung und Wertebildung ausmachen, die eher auf die Komplexität, den Stress im System oder auf an der Person der Lehrkräfte zu verankernde Ursachen zurückgehen.

Schulen reproduzieren nicht nur über ihre Struktur, sondern auch infolge ihrer

Komplexität und der Vielfalt der in ihnen arbeitenden Personen immer wieder negatives Lernen. So sind Schulen sehr vielschichtige Institutionen, die unterschiedliche Funktionen (von Unterricht bis Aufsicht, vgl. Baumann/Götz 2021) zu erfüllen haben, weshalb sich die Lehrkräfte in ihrer täglichen unterrichtlichen Praxis mit unterschiedlichen, teils widersprüchlichen Erwartungen konfrontiert sehen. Zwar kann und muss der Unterricht sorgsam und in Kenntnis möglichst aller Rahmenbedingungen geplant werden; dennoch ist der Verlauf einer Stunde – angesichts von ca. 25 Schüler*innen, die einer Lehrkraft gegenübersitzen – nicht wirklich vorhersehbar. Das bedeutet, dass Lehrkräfte spontan und teilweise unter sehr großem Druck (vor allem auch zeitlichem Druck) Entscheidungen im Hinblick auf ihr Agieren, auf den Umgang mit den Schüler*innen treffen müssen. Dabei prägen sie Vorerfahrungen mit ähnlichen Situationen oder auf einzelne Schüler*innen bezogene Annahmen. Auch die Erwartungen der Schulleitung und des Kollegiums im Hinblick auf Leistungsergebnisse und der allgemeine Stoffdruck kommen hinzu. Das trägt dazu bei, dass der Unterricht, das tägliche Miteinander weder reibungslos, konfliktfrei und oft auch nicht optimal und geschweige denn fehlerfrei verlaufen. Seelische Verletzungen seien die häufigste und die am meisten ignorierte Form der Gewalt gegenüber Kindern und Jugendlichen (Prengel 2020, S. 100). Insbesondere gehören folgende Erscheinungen zur täglichen Erfahrung von zahlreichen Schüler*innen:

- **Ungerechtigkeiten und Ungleichbehandlung.** Insbesondere der traditionelle, sehr stark auf das Agieren der Lehrer*innen fokussierte Unterricht birgt die Gefahr, Schüler*innen zu übersehen. Die Lehrkraft ist auf der einen Seite auf den Stoff fokussiert, hat es aber gleichzeitig mit ca. 25 sehr unterschiedlichen und unterschiedlich begabten und interessierten Kindern oder Jugendlichen zu tun. Manche müssen ermutigt, motiviert, andere gebremst werden. Dass Schüler*innen sich dabei ungleich behandelt fühlen – und das als ungerecht empfinden – kommt regelmäßig vor.
  Ebenfalls häufig zu beobachten ist, dass Schüler*innen wegen geringer Vorkommnisse getadelt oder gar bestraft werden. Obwohl ihr Fehlverhalten vergleichsweise minimal erscheint, nimmt die Lehrkraft es in einer Reihe von Vorkommnissen wahr, die möglicherweise deutlich gravierender waren, aber nun will sie durchgreifen und die Ruhe wieder herstellen. Das Fass wurde sozusagen zum Überlaufen gebracht. Der*die Schüler*in, der*die von der nun plötzlich erfolgenden Reaktion betroffen ist, nimmt das im Vergleich zu den vorhergehenden Vorkommnissen ebenfalls als ungerecht wahr.

- **Affekthandlungen.** Die Dynamiken in einer Unterrichtsklasse können sehr vielfältig sein. Sie können von Tag zu Tag wechseln. Wie eine Fachlehrer*in eine Klasse antrifft, kann sehr stark vom vorausgehenden Unterricht abhängen. Auch die Befindlichkeit der Lehrkräfte kann sich von Unterrichtsstunde

zu Unterrichtsstunde verschlechtern. So kann ein Konflikt in einer vorausgehenden Stunde als nachhaltig belastend empfunden werden und die Reaktionsweise der Lehrkraft in der Folgestunde negativ färben. Eine ansonsten glatt durchgehende disziplinarische Störung kann plötzlich eine heftige Reaktion (oder in diesem Fall besser: Überreaktion) der Lehrkraft hervorrufen.
Auch schlecht ausgefallene Leistungsmessungen (Tests, Vergleichsarbeiten, Klassenarbeiten), unvollständige oder nicht gemachte Hausaufgaben können bei Lehrkräften zu Verstimmungen führen und zu dem mit Ungeduld verbundenen Gefühl, nichts zu erreichen, viel zu langsam vorwärtszukommen. Drastische ‚Moralpredigten' („Wenn ihr euch jetzt nicht endlich anstrengt …") können der (meist) vergebliche Versuch sein, das Ruder umzureißen. Sie sind schon deshalb fragwürdig, weil sie das gesamte Kollektiv ansprechen, was einige ungerecht empfinden, anderen die Möglichkeit gibt, sich gar nicht angesprochen zu fühlen.
Chronisch auffällige Schüler*innen (Unwissen, schon wieder ohne gemachte Hausaufgabe, Bewegungsdrang, Unaufmerksamkeit, Hyperaktivität) können vor der Klasse bloßgestellt werden. In zynischer Weise oder gar mit Sarkasmus kann ihnen ihre Faulheit, ihre fehlende Begabung oder ihr unangemessenes Verhalten vorgehalten werden.

- **Fehlende Empathie.** Schüler*innen kommen mit unterschiedlichen und wechselnden persönlichen Befindlichkeiten in die Schule. Diese haben auf ihr Agieren in der Klasse und ihr Lernverhalten Auswirkungen. Lehrkräfte erwarten im Allgemeinen eine immer gleiche, am Zweck der Schule, dem Lernen, orientierte Grundhaltung. Das ist aber (leider) nicht realistisch. Wechselnde Befindlichkeiten können inner- und außerschulische Ursachen haben. Es kann Streit und Konflikte in der Klasse geben. Auch häusliche Schwierigkeiten (Krankheit eines Elternteils oder Familienmitglieds, Streit der Eltern etc.) können ursächlich sein. Häufig versuchen die betroffenen Schüler*innen sich nichts anmerken zu lassen, aber in der Regel ist ihre Stimmung getrübt und ihre Konzentrationsfähigkeit mangelhaft (was auf einer phänomenologischen Ebene als Unachtsamkeit, Desinteresse oder Faulheit erscheinen kann). Lehrer*innen, die nicht nah genug an den Schüler*innen sind, denen es nicht gelungen ist (die vielleicht auch gar kein Interesse daran haben), vertrauensvolle Beziehungen für ihren Unterricht aufzubauen, neigen dazu, solche Befindlichkeiten der Schüler*innen zu übersehen. Zu wenig Interesse an den Schüler*innen und an Hintergrundinformationen kann sich dann in ausbleibender Wertschätzung und in Fehlurteilen zum Nachteil der Schüler*innen auswirken.

Allerdings sind es nicht nur nach Möglichkeit zu überwindende Defizite auf Seiten der Lehrer*innen, die für die Schüler*innen problematisch sind. Auch die Unterschiedlichkeit der Lehrkräfte und ihr uneinheitliches Verhalten kann für die Schüler*innen desorientierend und verunsichernd wirken:

- **Unterschiedliche Grundhaltungen und Erziehungsvorstellungen der Lehrkräfte.** Noch tiefer liegende Ursachen für im Lichte von Wertschätzung problematisches Lehrkräfteverhalten sind Grundhaltungen (Prägungen) und grundlegende Erziehungsvorstellungen. Diese sind so vielfältig, wie die Kolleg*innen einer Schule. Dabei stellen sie durchaus auch eine Bereicherung der Schule dar. Was einer Lehrkraft nicht gelingt, erweist sich bei einer anderen mühelos. Zudem ist es durchaus auch interessant und wichtig, dass die Schüler*innen in der Schule mit der Vielfalt und Unterschiedlichkeit der Lehrpersonen konfrontiert werden und lernen, sich auf unterschiedliche Typen und Charaktere einzustellen.
  Die subjektiven Theorien, die die Lehrer*innen in ihrem erzieherischen Agieren leiten, stammen zu großen Teilen aus ihrer Familie und ihrer eigenen Schulzeit. Wie weit sie in der Ausbildung (Studium, Referendariat) (professionell?) überformt werden (können), ist eine offene Frage. Sicher geschieht eine Nachjustierung in den ersten Berufsjahren entlang der Erfahrungen der täglichen Praxis (allerdings in der Regel ohne eine Supervision). Das bedeutet, dass die Vielfalt von Erziehungstypen oder Erziehungsstilen (von sehr streng bis sehr locker) – also Reaktionsmustern in kritischen unterrichtlichen Situationen – erhalten bleibt und sich immer wieder neu fortpflanzt. Auch die Resilienz der Lehrkräfte ist unterschiedlich ausgeprägt. Manche sind verletzlicher, dünnhäutiger; andere haben ein nahezu unangreifbares Selbstwertgefühl. Auch diese Muster prägen die Reaktionsweise der Lehrkräfte insbesondere in kritischen Situationen und wirken sich auf den Umgang mit den Schüler*innen und die Fähigkeit, Wertschätzung zeigen und einen wertschätzenden Umgang auch in schwierigen Situationen aufrechterhalten zu können, aus.

Das alles bedeutet gerade nicht, das negative Lernen in der Schule gewissermaßen als unabwendbar hinzunehmen. Es bedarf guter und geeigneter Konzepte, die auf unterschiedlichen Ebenen ansetzen, dem negativen Lernen in der Schule entgegenzuwirken, es so gering wie möglich zu halten. Dazu später mehr.

3.3 Negatives Lernen auf der Ebene der Mitschüler*innen

Auch zwischen den Schüler*innen, was unvermeidlich ist, findet täglich auf vielfache Weise negatives Lernen statt.

- **Verweigerung von sozialer Einbindung, Freundschaft und Empathie.** Nahezu in jeder Klasse gibt es (meist unfreiwillige) Außenseiter*innen. Es bilden sich zum einen Freundschaften, zum anderen Cliquen, deren Kehrseite es immer ist, dass es Schüler*innen gibt, die nicht dazugehören, die sich ausgegrenzt fühlen oder – schlimmer noch – regelrecht ausgegrenzt werden. Die Ursachen hierfür können unglaublich vielfältig sein. Sie können von besonderer Begabung und Intelligenz auf der einen Seite bis zu habituellen, milieubedingten oder körperlichen Merkmalen reichen. In der Regel gibt es für die Ausgrenzung keine böse Absicht, keinen willentlichen Verursacher. Häufig liegt es an der Selbstgenügsamkeit der Clique verbunden mit fehlender Empathie.

- **Mobbing und Cybermobbing.** Anders sieht es bei den verschiedenen Formen des Mobbings aus, wobei festzustellen ist, dass Cybermobbing deutlich niederschwelliger stattfindet, ohne in der Wirkung für die Betroffenen weniger harmlos zu sein.

Negatives Lernen gehört sozusagen zur Schulkultur (es ist eher eine Unkultur) dazu. Das Lernen von negativen Werten wird im Schulalltag stündlich reproduziert, es verselbständigt und verstärkt sich unter Umständen.

In der Schule findet auch negatives Lernen statt …

- Ellbogenmentalität/Konkurrenzdenken
- Beurteilung einer Person nach ihrer Leistung
- Rivalitätsdenken
- Rücksichtlosigkeit
- Unachtsamkeit gegenüber Dingen
- Verantwortungslosigkeit
- Misstrauen
- Intoleranz
- Etc.

Negatives Lernen, fehlende Wertschätzung hemmt nicht nur die Persönlichkeitsentfaltung, sondern ist auch schädlich für das schulische Lernen und den Lernerfolg der Kinder und Jugendlichen. Es untergräbt die Intention der Schule und wirkt sich auf das Bemühen der Schule kontraproduktiv aus. Auf der anderen Seite ist klar, dass eine konsistent erlebte Werteerziehung auch eine präventive Wirkung hat.

Insofern liegt es auf der Hand, dass im schulischen Kontext – und durchaus im ureigensten Interesse der Schule und von Bildung – der Wertevermittlung und Werteerziehung sehr viel (mehr!) Sorgfalt zu widmen ist – eine Thematik, der wir uns unten (Kap. 7) im Hinblick auf Aufwand, Chancen und Möglichkeiten noch ausführlich widmen wollen.

4 Grundrechte, abgeleitete Normen und korrespondierende Haltungen

4.1 Vom Outcome her denken

Schulen haben mit ihrem Unterricht und all ihrem pädagogischen Bemühen ohne Zweifel eine Wirkung. Dabei verfolgen sie mehr oder weniger klare Ziele. Die erstrebten Ziele kann man auch die gewünschte Wirkung oder die angestrebte Ergebnisqualität einer Schule (Baumann/Götz 2021) nennen.

Die angestrebten Ziele einer Schule sind allerdings vielfältig und lassen sich grob in drei Kategorien zusammenfassen:

- **Leistungsergebnisse.** Bei den Leistungsergebnissen geht es um fachliche Kompetenzen, um fachliches Wissen und die Fähigkeit, dieses Wissen mit Relevanz für das eigene Leben (Studium, Beruf) in unterschiedlichen, auch neuen oder fremden Kontexten konstruktiv anwenden zu können. Mit der Vermittlung und dem Erlernen von Fachwissen verbindet sich auch die Erwartung, sich grundlegende Elemente einer allgemeinen Bildung zu erwerben, die es möglich machen, sich in der Gesellschaft sicher zu bewegen und an ihrer Kultur teilzunehmen.

- **Nichtfachliche bzw. überfachliche Kompetenzen.** Diese Kompetenzen sollen unabhängig von den schulischen Fächern in die Lage versetzen, Probleme zu lösen, vorausschauend zu denken, und sich in der sozialen Welt und einer hoch (informations-)technologisch entwickelten Welt sicher und konstruktiv zu bewegen. (1) Selbstkompetenzen (sich strukturieren können, sich fokussieren können, sich selbst regulieren zu können, effektiv lernen können, mit seiner Zeit angemessen umgehen zu können etc.), (2) Sozialkompetenzen (im Team arbeiten zu können, sich auf andere einstellen zu können, mit Konflikten umgehen zu können etc.) und (3) Medienkompetenz (Beherrschung informationstechnischer Grundlagen, Recherchekompetenz etc.) sind die wichtigsten Kompetenzen dieser Art.

- **Werte.** Werte sind nicht als Kompetenz zu beschreiben. Es geht bei ihnen schlussendlich natürlich auch um bestimmte Formen des Handelns, aber der Fokus liegt nicht so sehr auf der Handlungsmächtigkeit (Fähigkeit, Kompetenz), etwas zu tun, sondern auf der Grundhaltung aus der heraus etwas getan und vielleicht überhaupt getan wird. Werte sind Grundeinstellungen, die erlernt werden und vor allem auf Prägungsprozesse – eine etwas andere Art des Lernens – zurückgehen.

Jede Schule verfolgt Ziele in diesen drei Bereichen. Diese Ziele lassen sich auf der einen Seite (im Bildungsprozess, wenn es um das Lernen geht) durchaus aufschlüsseln, auf der anderen Seite (wenn es um Bildung als Produkt, also den Outcome geht) spricht man bei einer weitgehenden Erreichung dieser Ziele gerne auch von ‚Bildung' (im Sinne ganzheitlicher Bildung) oder auch von Reife (personal growth) – und hebt dabei insbesondere darauf ab, dass Bildung nichts rein Technisches oder nur auf formale Kompetenzen Bezogenes ist, sondern immer auch eine ethisch orientierende Funktion, also eine Werteorientierung bedeuten soll.

4.2 Der normative Ansatz

Und genau um die Werte soll es im Folgenden gehen. Damit wird der Fokus auf einen Aspekt gelegt, dem in der schulischen Praxis und in der schulischen Entwicklungsarbeit leider häufig nicht die notwendige Aufmerksamkeit zukommt.

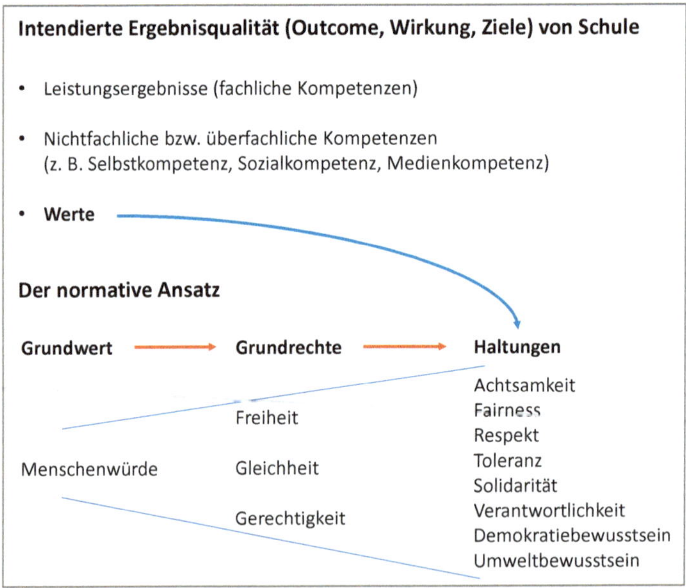

Wie bereits in Kapitel 1 angedeutet, ist unser Ausgangspunkt die Menschenwürde als grundlegender Wert. Damit sehen wir unsere Gesellschaft und insbesondere die Schule als einen Teil der Gesellschaft unter einem normativen Aspekt. Es gibt, so könnte man auch sagen, einen ethischen (Minimal-)Anspruch in der Gesellschaft und an jedes einzelne Mitglied der Gesellschaft. Aus dem Anspruch der

Würde lassen sich – wie wir meinen – unschwer und mit einer der Würde immanenten Logik (dieser Weg ist ja auch im Grundgesetz sozusagen vorgezeichnet) eine Reihe von Grundrechten ableiten.

Dabei geht es insbesondere um die Trias von Freiheit, Gleichheit und Gerechtigkeit. Diese drei sehr allgemeinen Grundrechte sind normative Leitideen oder Leitprinzipien, die sich aus dem Ansatz der Menschenwürde ableiten lassen. Im Hinblick auf die Organisation einer Gesellschaft führen sie zu einer demokratischen Verfassung, konstituieren also die Demokratie (wobei sie nicht zwangsläufig zu einer bestimmten Form der Demokratie führen).

Aber in pädagogischer Hinsicht sind die drei Leitprinzipien und das Ernstnehmen ihres normativen Anspruchs (gerade innerhalb einer bereits existierenden Demokratie) ebenfalls in besonderer Weise relevant, lassen sich doch aus den fundamentalen Grundrechten für das tägliche Miteinander der Menschen Haltungen ableiten, die den demokratischen Staat sozusagen von innen am Leben erhalten und zu seiner immer wieder neuen Reproduktion als demokratischer Staat beitragen. Der demokratische Staat ohne Bürger mit demokratischer Grundhaltung würde sich aushöhlen und seine Grundlage verlieren. Demokratischer Staat, der Rechte und Freiheiten garantiert, und die demokratische Grundhaltung der Bürger*innen bedingen sich gegenseitig.

Die Grundhaltung der Menschenwürde und die abgeleiteten Grundwerte Freiheit, Gerechtigkeit, Gleichheit führen zu einer Reihe von Haltungen (man könnte auch von Gesinnung oder Einstellung sprechen, wir bleiben aber weiterhin beim Begriff Haltung), die es in der Gesellschaft immer wieder zu reproduzieren gilt und die deshalb auch für die Schulen als wichtigen Bildungs- und Sozialisationsagenturen eine große Bedeutung haben. Ohne den Anspruch auf Vollständigkeit lassen sich eine Anzahl von Haltungen, die die Ergebnisqualität einer Schule mitkonstituieren, ausmachen.

4.3 Auf die Haltung(en) kommt es an

Einige unseres Erachtens zentrale Haltungen/Einstellungen sollen im Folgenden kurz beleuchtet werden. Sie spielen an späterer Stelle noch eine Rolle im Hinblick auf die Möglichkeiten des Lernens und Einübens von Haltungen in der Schule.

- **Achtsamkeit**. Achtsamkeit ist sicher eine Haltung, die – wie alle Haltungen – auf Prägung zurückgeht, sicher aber auch volitional unterstützt werden kann. Es ist zunächst eine Haltung der Wachsamkeit gegenüber Menschen und ihrer Befindlichkeit, aber auch gegenüber Tieren und Sachen. Sie setzt im Hinblick auf Menschen und Tiere Empathie voraus, wobei Empathie als Kompetenz begriffen werden kann, die anders als eine Haltung auch bewusst gelernt und trainiert werden kann. Achtsamkeit selbst kann in gewisser Hinsicht auch als

eine (trainierbare) Kompetenz aufgefasst werden. Die Achtsamkeit berührt sich mit Haltungen wie Fairness und Respekt. Die Achtsamkeit geht aus dem Anspruch der Menschenwürde, dem Anspruch der Gleichheit und damit auch der gleichen Würde hervor.
Über die Achtsamkeit hinausgehend wird in jüngster Zeit unter dem Begriff Wokeness eine Haltung gefordert, die sich nicht nur kritisch mit unsozialen und unverantwortlichen Tendenzen (Kapitalismus, Rassismus, Sexismus, Diskriminierung etc.) der Gegenwart auseinandersetzt, sondern auch Mut und Engagement fordert.

Die zwei Stützpfeiler der Demokratie

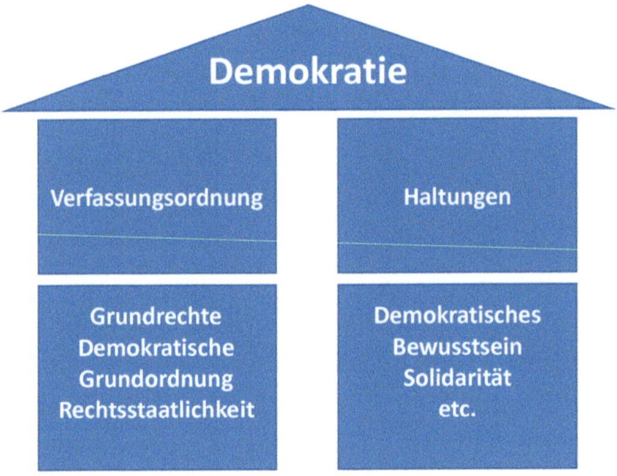

- **Fairness**. Fairness ist ebenfalls eine Haltung. Sie ist hauptsächlich aus dem Sportbereich bekannt, ist aber auch im Alltag eine unverzichtbare Haltung. Sie kann auch als rationales Konstrukt – etwa entlang des kategorischen Imperativs – verstanden werden, jederzeit alle so zu behandeln, wie man selbst auch behandelt werden möchte. Sie impliziert ein Gerechtigkeitsverständnis und drückt die Haltung aus, sich jederzeit – mit Anstand und Würde – an die vereinbarten Regeln zu halten.
- **Respekt**. Respekt ist eng mit Fairness und auch Toleranz verbunden und drückt die Bereitschaft aus, dem jeweiligen Gegenüber mit Würde und Achtung – auch bei Andersartigkeit – zu begegnen. Mit Respekt ist nicht der unterwürfige Respekt gegenüber Personen, die in der Hierarchie höher stehen, gemeint, sondern die grundsätzliche Achtung des Anderen und seiner Meinung und die Bereitschaft der offenen, unvoreingenommenen Begegnung.
- **Toleranz**. Die Toleranz ist eine anspruchsvolle Grundhaltung. Sie kommt – als die Kunst des Ertragens – dann zum Zuge, wenn Verhalten oder Ansinnen anderer Menschen als eine Zumutung empfunden werden, die aber innerhalb des legalen und legitimen Rahmens einer Gesellschaft liegt. Insbesondere in plura-

len Gesellschaften ist die Toleranz im Interesse des gesellschaftlichen Friedens eine unverzichtbare Grundhaltung. Die Grenzen der Toleranz (Toleranzparadoxon) sind dort erreicht, wo sie ihrerseits auf Intoleranz stößt oder wo gegen die freiheitlich-demokratische Grundordnung verstoßen oder diese infrage gestellt wird. Die Toleranz ergibt sich insbesondere aus dem Grundwert der Freiheit, die sich immer an der Freiheit des anderen bricht.

- **Solidarität.** Geht es bei der Toleranz um das Ertragen von etwas, das möglicherweise nicht dem eigenen Geschmack entspricht, geht die Grundhaltung der Solidarität deutlich darüber hinaus. Die Solidarität gehört sozusagen zum Schmieröl, das eine Gesellschaft auch in kritischen Zeiten zusammenhalten kann. Solidarität ist eine Grenze des Egoismus. Sie ist eine abstrakt wirkende Grundhaltung (in dem man z. B. seine Steuern bezahlt etc.), kann sich aber auch spontan in konkreter Hilfsbereitschaft (Spende, Nachbarschaftshilfe, Aufnahme von Geflüchteten etc.) äußern. Sie lässt sich herleiten aus einem Gerechtigkeitsdenken – etwa in der Form, dass insbesondere unschuldig in Not geratene Menschen Anspruch auf Kompensation haben. Damit könnte ihr auch ein reziprokes Kalkül zugrundeliegen (wenn ich in Not bin, würde ich mir auch Hilfe wünschen). Solidarität hat aber auch einen unmittelbaren Bezug zur Menschenwürde in der Form, dass Situationen, in denen Menschen in nichtwürdigem Zustand sind, nicht hingenommen werden wollen.
- **Verantwortlichkeit.** Noch einen Schritt weiter geht die Grundhaltung der Verantwortlichkeit. Sie kann wie alle Grundhaltungen im Kleinen und im Großen zum Tragen kommen. Verantwortlichkeit führt zu Engagement, zum Sicheinmischen, Zupacken, die Dinge nicht einfach auf sich beruhen zu lassen. Verantwortlichkeit geht einher mit Umsicht und Weitsicht (sich informieren, sich eine Meinung bilden etc.) und hat damit eine deutlich kompetenzorientiere Seite. Verantwortlichkeit schafft immer eine Würde – indem sie die der anderen verfolgt, konstituiert sie die eigene. Verantwortung wahrzunehmen, ist oft auch mit Mut verbunden.
- **Demokratiebewusstsein.** In unserer modernen und pluralen Gesellschaft kommt dem Demokratiebewusstsein (der demokratischen Grundhaltung) eine zentrale Rolle zu. Zur demokratischen Grundhaltung gehören eine ganze Reihe von demokratischen Kompetenzen (zuhören können, Kompromisse finden können, Konflikte beilegen können, Mehrheitsentscheidungen akzeptieren, von seinem Wahlrecht Gebrauch machen etc.), die erworben und eingeübt werden können. Das Demokratiebewusstsein ergibt sich selbstredend aus den Grundwerten von Freiheit, Gleichheit und Gerechtigkeit.
- **Umweltbewusstsein.** Das Umweltbewusstsein als Grundhaltung ergibt sich nicht ohne weiteres aus dem Grundwert der Menschenwürde. Neuere ethische Ansätze gehen von einem Anspruch auf ein Bewusstsein für die Mitwelt und für die Zukunft aus. Umweltbewusstsein kann so auch als Haltung der Verantwortlichkeit verstanden werden. Sie ergibt sich auch intergenerationell gedacht

aus dem Anspruch der Zukunftsgerechtigkeit, der zum Ziel hat, dass auch nachfolgende Generationen ein würdiges und lebenswertes Leben führen können. Zum Umweltbewusstsein als Haltung gehören zahlreiche zu erlernende Kompetenzen (ökologisches Wissen, globales Denken, Fähigkeit zur Selbststeuerung, evtl. auch politische Kompetenz im Sinne der Fähigkeit, seinen Einfluss als Bürger*in zu nutzen und von demokratischen Grundrechten einen wirkungsvollen Gebrauch zu machen).

Für die folgenden Überlegungen wird die Frage nach der (schulischen) Erlernbarkeit von Haltungen von zentraler Bedeutung sein. Wie bereits angedeutet, korrespondieren Haltungen meistens auch mit spezifischen Kompetenzen. Im schulischen Kontext ist es wichtig, beide Dimensionen zu kennen und von den Möglichkeiten der Schule zur Verinnerlichung und Festigung von Haltungen (Wertelernen) und zum Erlernen und Einüben von entsprechenden Kompetenzen Gebrauch zu machen.

Haltungen und Kompetenzen

Haltungen

- Achtsamkeit
- Fairness
- Respekt
- Toleranz
- Solidarität
- Verantwortlichkeit
- Demokratiebewusstsein
- Umweltbewusstsein

Kompetenzen

- Empathie
- Selbstregulation
- Konfliktfähigkeit
- Wahrnehmungsfähigkeit
- Zuhören können
- Umsicht
- vorausschauendes Denken
- Kompromissfähigkeit
- Demokratische Kompetenzen
- Etc.

5 Wertebildung findet immer in konkurrierenden Kontexten statt – Herausforderungen und Grenzen

5.1 Werteorientierung und Wertebildung sind kein Monopol der Schule

Die Wertebildung ist kein Monopol der Schule. Den Erziehungs- und Bildungsauftrag teilt sich die Schule mit den Eltern. Dabei kommt der Schule als staatlicher Institution im Hinblick auf die Heranwachsenden (Kinder, Jugendlichen) ein Fürsorgeauftrag zu. Die Schule ist für das Wohlergehen der Kinder in der Obhut der Schule verantwortlich und agiert im wohlverstandenen Interesse der Kinder und Jugendlichen im Hinblick auf deren Zukunft (advokatorische Verantwortung). Kinder und Jugendliche sollen darauf vorbereitet werden – insofern handelt es sich auch um einen Vorsorgeauftrag –, sich nach Möglichkeit in jeder Hinsicht in der Gesellschaft, in der sie aufwachsen, in die sie hineinwachsen, souverän zu bewegen, sie gestalten zu können und von ihr zu profitieren. Sie sollen durch die Schule aber auch darauf vorbereitet und in die Lage versetzt werden, – und das durchaus in ihrem eigenen wohlverstandenen Interesse – zur Erhaltung der freiheitlich-demokratischen Grundordnung beizutragen – aus Überzeugung(!) und mit den dafür notwendigen Kompetenzen.

5.2 Wertebildung ist auch eine Gratwanderung

Spätestens hier wird klar, dass damit nicht nur hohe und vielfach unerfüllbare Erwartungen an die Schule gestellt werden, sondern dass man den Schulen auch eine Gratwanderung zumutet zwischen Erziehung zur freiheitlich-demokratischen Grundordnung auf der einen Seite und der Einflussnahme auf die Meinungsbildung der Schüler*innen auf der anderen Seite. Hier stellt sich die Frage nach der Manipulation (bzw. der sog. Überwältigung, Indoktrination) auf dem Hintergrund der grundgesetzlich verankerten Meinungsfreiheit.

Allerdings lässt sich diese Ambivalenz auflösen. Hinter den normativen Ansatz, wie er mit der Menschenwürde und den aus ihr abgeleiteten Werten gegeben ist, kann nicht zurückgegangen werden. Er konstituiert nicht nur Werte (und damit in Bezug auf den Einzelnen einen Sollens-Anspruch, eine Pflicht) als Erziehungsziele im schulischen Kontext, sondern gleichzeitig auch den Anspruch auf maßgebliche Freiheitsrechte (Meinungsfreiheit, Redefreiheit, Vereinigungsfreiheit, Demonstrationsrecht, Pressefreiheit etc.), die in der schulischen Bildung ebenso vermittelt werden müssen. Im Hinblick auf die freiheitlich-demokratische Grundordnung (und die sie aufspannenden Rechte und Pflichten) ist damit das Grundgesetz konservativ im wahrsten Sinne des Wortes angelegt. Hierauf bezieht sich auch die Ewigkeitsklausel des Grundgesetzes (GG Art. 79), die die Änderung der GG Art. 1 und 20 der parlamentarischen Mehrheit (auch einer Zwei-Drittel-Mehrheit) entzieht und der damit verbundene Ansatz der ‚wehrhaften Demokratie'. Das bedeutet allerdings im Konkreten nicht, dass das Grundgesetz auf eine einzige Interpretation von Demokratie festlegt. Sie gilt als durchaus veränderbar, weiterentwickelbar und die kontroverse Meinungsbildung hierüber ist selbstverständlich.

5.3 Der Beutelsbacher Konsens

Der vielzitierte Beutelsbacher Konsens aus dem Jahr 1976, der in diesem Zusammenhang drei Prinzipien formuliert, soll hier ergänzend erwähnt werden:

- **Überwältigungsverbot**. Lehrer*innen dürfen Schüler*innen ihre Meinung nicht aufzwingen. Schüler*innen sind in die Lage zu versetzen, sich mit Hilfe des Unterrichts ihre eigene Meinung bilden zu können.

- **Gebot der Kontroversität**. Für die (politische) Meinungsbildung ist es unerlässlich, dass auch strittige und problembeladene Themen, die in einer plural und freiheitlich verfassten Gesellschaft selbstverständlich sind, in der Schule angesprochen werden (sonst kann von einer Meinungsbildung, die die Schule ermöglichen soll, gar nicht die Rede sein). Allerdings bedeutet das Gebot, Dinge, die in der Gesellschaft, Politik, Wissenschaft kontrovers sind, auch im Unterricht als kontrovers darzustellen. Das bedeutet für Lehrer*innen, dass sie ihre eigene Position bezüglich einer konkreten Frage zurückhaltend einbringen können (und sogar sollen) und als eigene Überzeugung markieren müssen.

- **Prinzip der Schüler*innenorientierung**. Der schulische Unterricht soll die Schüler*innen in die Lage versetzen, die politische und gesellschaftliche Situation nicht nur zu verstehen und zu analysieren, sondern auch ihre Interessen in der Gesellschaft möglichst wirkungsvoll wahrnehmen zu können.

Der Beutelsbacher Konsens bekräftigt also indirekt ausgehend vom Grundgesetz als Verfassungsnorm, dass es darauf ankommt, auf diesem Boden sich an den Schüler*innen zu orientieren und ihre eigenständige Handlungsfähigkeit als mündige Bürger*innen zu erlangen. Die Verfassungsnorm („Die Würde des Menschen ist unantastbar“ und die daraus folgenden Grundrechte) selbst steht dabei nicht zur Diskussion und bleibt unantastbar. Das bedeutet, dass es gerade auf die Verfassungsnorm bezogen kein Neutralitätsgebot gibt, das übrigens auch – die Orientierung an den drei Prinzipien des Beutelsbacher Konsens‘ vorausgesetzt – auch sonst nicht gegeben ist. Wir werden an einer späteren Stelle auf diesen wichtigen Aspekt noch einmal zurückkommen.

Die zwei Seiten des politischen Erziehungs- und Bildungsauftrags der Schule

Die Pflicht:	Die Rechte:
Akzeptanz und Erhalt der freiheitlich-demokratischen Grundordnung	Meinungsfreiheit, Redefreiheit, Versammlungsfreiheit, etc.

Damit erhöht sich auch die Bedeutung des schulischen Auftrags zur Werteerziehung. Und dieser Auftrag gewinnt insofern an weiterer Dringlichkeit, als die Werteorientierung und Wertebildung kein schulisches Monopol ist.

5.4 Eltern, Peers und soziale Medien beeinflussen die Wertebildung

Zwar teilt sich die Schule den Bildungs- und Erziehungsauftrag mit den Eltern, es kann aber nicht vorausgesetzt werden, dass in einer vielfältigen und heterogenen, weitgehend anonymen modernen Gesellschaft Eltern ihren Erziehungsauftrag immer im Sinne der freiheitlich-demokratischen Grundordnung und auf dem Boden des Grundgesetzes wahrnehmen. Die Schule muss also insofern von konkurrierenden Vorstellungen zumindest in manchen Elternhäusern ausgehen.

Und mit zunehmendem Alter gewinnt neben dem Elternhaus die Gruppe der Gleichaltrigen an wachsender Bedeutung auf die Urteilsbildung der Jugendlichen. Neben den Eltern und der Schule sind es also die Peers, denen ein nicht zu unterschätzender Einfluss bei der Werteorientierung und Wertebildung zukommt.

Die sozialen Medien sind aus dem Leben der Menschen und insbesondere der Jugendlichen nicht mehr wegzudenken. Sie spielen in ihrem Leben nicht nur quantitativ/zeitlich eine enorme Rolle. In ihnen findet tatsächlich soziales Miteinander statt. Angesagte Informationen werden ausgetauscht und mit Bedeutung (Wertung) versehen. Die Dynamik in den sozialen Netzwerken und die Nutzung beliebiger (durchaus auch zweifelhafter) Informationsquellen ist nicht kontrollierbar und wenig steuerbar. Hier bewegen sich Jugendliche in einem eigenen Kosmos. Nicht nur die Schule, sondern weitestgehend auch das Elternhaus stoßen hier an eine Grenze.

Eltern, Peers, Medien sind also im Einzelfall starke Konkurrenten und durchaus immer wieder eine Grenze der schulischen Wertebildung. Das erhöht die Dringlichkeit der schulischen Wertebildung einmal mehr und ist ein Argument, der schulischen Wertebildung mehr Aufmerksamkeit, mehr Sorgfalt zu widmen. Und Sorgfalt bedeutet neben dem zeitlichen Aufwand auch einen hohen qualitativen Anspruch. Die Werteerziehung sollte also keinesfalls überredend/überwältigend sein, sondern engagiert, authentisch und überzeugend – mit dem Ziel, die Jugendlichen selbstbewusst und urteilsfähig zu machen. Anlässe dafür können gezielt geschaffen, Gelegenheiten müssen geschickt genutzt werden. Dazu später mehr.

6 Wertebildung als Aspekt der Pädagogik der Jugendphase

Die Suche nach der eigenen Identität und damit verbunden auch die Auseinandersetzung mit den Normen und Werten der Gesellschaft sind Teil der sog. Entwicklungsaufgaben (Lohaus 4/2018 S. 286) von Jugendlichen, wie sie aus entwicklungspsychologischer Perspektive beschrieben werden.

6.1 Die sog. Entwicklungsaufgaben von Jugendlichen

Gemeint sind damit Herausforderungen (teilweise kulturabhängig), die sich „typischerweise jedem Menschen im Entwicklungsverlauf stellen. Sie ergeben sich aufgrund der körperlichen Entwicklung, des kulturellen Drucks und aufgrund dadurch ausgelöster Wünsche und Erwartungen.“ (Lohaus/Vierhaus 4/2019, S. 287). Die Vielzahl der Entwicklungsaufgaben gibt Einblick in die Dynamik des Jugendalters. So steht die Auseinandersetzung mit der eigenen Geschlechtsrolle und der Umgang mit der Sexualität auf der Agenda ebenso wie die Loslösung und emotionale Unabhängigkeit von den Eltern. Aber auch die Erlangung der ökonomischen Unabhängigkeit, Berufswahl, Vorbereitung auf eine mögliche Partnerschaft und Familie sind Entwicklungsaufgaben. Hinzu kommt die Entwicklung eines sozialverantwortlichen Verhaltens und die „Aneignung von Werten und eines ethischen Systems, das einen Leitfaden für das eigene Verhalten darstellt.“ (Lohaus/Vierhaus 2018, S. 287/Hurrelmann/Quenzel 2012). Im Hinblick auf die eigene Identität – so führen Lohaus und Vierhaus weiter aus – „sind sich viele Jugendliche noch unsicher, wer sie sind und wer sie sein möchten. Im Zuge dieser Unsicherheit probieren sie oft vieles aus und nehmen unterschiedliche Rollen an, um die für sie passende Identität zu finden. Auch ein Experimentieren in verschiedenen sozialen Kontexten und damit verbundenen sozialen Rollen kann zur Identitätsfindung beitragen. Optimalerweise führt dieser Prozess dazu, dass sich Jugendliche eine eigene Identität erarbeiten und dadurch gefestigter werden.“ (S. 286).

Das bedeutet, dass die schulische Wertebildung – sozusagen als ein Angebot der Schule – auf der Schüler*innenseite durchaus mit einer Such- oder Selbstfindungs- oder Selbstentwicklungsphase korrespondiert, was aber infolge der Dynamik, der Such- und Experimentierbewegungen in der Entwicklungsphase – insbesondere während der Pubertät – kein linearer und schon gar nicht harmonischer Prozess sein muss. Er läuft innerhalb einer Klasse oder eines Jahrgangs auch nicht synchron ab, was bedeutet, dass unterschiedliche Schüler*innen gleichzeitig in unterschiedlichen Entwicklungsphasen sein können. Aber dieser Prozess findet statt – und notwendig ist er auch. In der schulischen Wertebildung treffen also das Bemühen der Schule, die für unsere Gesellschaft und das Miteinander in einem modernen Staat notwendigen Grundwerte und Haltungen aufzubauen mit dem Entwicklungsprozess der Kinder und Jugendlichen aufeinander. Für die Schulen ist es von elementarer Bedeutung, diese Entwicklungen zu kennen und konstruktiv zu begleiten – gerade auch dann, wenn es um den Aufbau des persönlichen Wertesystems geht.

6.2 Veränderungen während der Pubertät und ihre Bedeutung

Die Veränderungen insbesondere während der Pubertät, also in der Übergangsphase von der Kindheit zum Erwachsenenalter, sind dabei durchaus dramatisch und mit der Veränderungs- und Entwicklungsdynamik der ersten Lebensjahre zu vergleichen. „Doch während Kleinkinder im Alter von null bis drei Jahren ihre eigene Entwicklung nicht bewusst wahrnehmen, setzen sich Jugendliche mit den Veränderungen, die sie durchlaufen, dem Umbauprozess ihres Körpers, ihrer Psyche und ihrem Leben durchaus aktiv auseinander (…). Es ist sogar so, dass ihre teilweise dramatische Selbstwahrnehmung einen starken Einfluss auf Jugendliche in ihrer Rolle als Lernende hat." (Sliwka 2018, S. 22). Schaut man sich die Veränderungsbereiche zwischen dem zehnten und 18. Lebensjahr genauer an, so lassen sich in Anlehnung an Sliwka (S. 22), fünf Aspekte beschreiben:

- *kognitiv*: Jugendliche sind zunehmend in der Lage zu abstrakten, kritischen, komplexen und vorausschauenden Denkprozessen, und das insbesondere, wenn sie angemessen intellektuell gefordert und gefördert werden.
- *sozial*: Wie bereits ausgeführt, hinterfragen und suchen Jugendliche auf unterschiedlichen Ebenen ihre eigene Identität. Gleichzeitig haben sie allerdings ein elementares und stark ausgeprägtes Bedürfnis dazuzugehören und von ihren Peers akzeptiert zu werden.
- *körperlich*: Die körperliche Reifung einhergehend mit dramatischen körperlichen Veränderungen verläuft in unterschiedlichen Geschwindigkeiten und durchaus sprunghaft.
- *emotional und psychisch*: Die Veränderungen – wenn auch weniger sichtbar – betreffen vor allem auch die Psyche und die Emotionen. Die Jugendlichen selbst nehmen diese Veränderungen wahr und fühlen sich durch hormonell bedingte kurzfristige Stimmungsveränderungen verletzlich und angreifbar.
- *politisch-moralisch*: Auch die Urteilskompetenz der Jugendlichen reift sukzessive. Der Interessen- und Wahrnehmungshorizont wird breiter und komplexer. Dinge verbessern wollen, sich einmischen, sich engagieren wollen für eine

bessere Welt (oder was zunächst dafür gehalten wird), sind wachsende und häufig noch sehr idealistisch anmutende Grundhaltungen. Jugendliche wollen infolge dessen Einfluss auf ethische und politische Prozesse nehmen.

Viele der Veränderungen im Jugendalter sind verursacht durch Umbauprozesse im jugendlichen Gehirn, die bis über das 20. Lebensjahr hinaus andauern können. Dank der modernen Gehirnforschung kann man diese hirnphysiologischen Veränderungen (also soz. die neuronalen Korrelate) zahlreicher Prozesse (Lernen, Regulation emotionaler Prozesse etc.) mittlerweile nicht nur verstehen, sondern damit erklären, dass gehirnstrukturelle Veränderungen funktionale Konsequenzen haben.

Die Entwicklung und Reifung des Gehirns findet dabei in einer Wechselwirkung mit der Lebenswelt der Jugendlichen statt. Das bedeutet, dass die Lebenswelt, in der sich ein Jugendlicher bewegt, in Folge der Plastizität seines Gehirns unmittelbar seine persönliche Entwicklung beeinflusst. Dies zu wissen, ist für Eltern und Lehrkräfte wichtig, um Jugendliche angemessen unterstützen zu können. Sliwka beschreibt diese Veränderungen und weist auf wichtige Unterstützungsmöglichkeiten von Lehrkräften und Eltern hin: „Durch die Reifung des Frontalkortex, der Steuerungszentrale des Gehirns, erlangen Jugendliche (…) sukzessive die Fähigkeit zur situationsangemessenen Handlungssteuerung und zur Regulation ihrer emotionalen Prozesse. Erfahrungen im Umgang mit Freiheit einerseits und Verantwortung andererseits unterstützen diesen Reifungsprozess. Eltern und Lehrer/innen können Jugendliche dabei unterstützen, wenn sie graduell Freiheitsräume schaffen, in denen die Heranwachsenden Eigenverantwortung übernehmen und Selbstregulation erproben können. Dabei verändern sich verschiedene Gehirnregionen in unterschiedlicher Geschwindigkeit (…). Diejenigen Kortexregionen, die für die Steuerung von Grundfunktionen wie die Informationsverarbeitung und die motorische Koordination verantwortlich sind, entwickeln sich früher als diejenigen für komplexe Funktionen wie Impulskontrolle, Emotionsregulation, die Fähigkeit zu vorausschauender Planung und zum vernunftorientierten, abwägenden Denken (…).“ (Sliwka 2018, S. 23f). Die Umbauprozesse im Gehirn sind komplex. Die Myelinisierung führt zu effizienterer und beschleunigter Signalweiterleitung. Die sog. ‚graue Substanz‘ wird ausgebaut, die für Erinnerungs- und Denkprozesse zuständig ist, während gleichzeitig bereits bestehende Synapsen reduziert werden (sog. ‚Pruning‘). Die Emotionsregulation wird durch den Ausbau der Verbindungen zwischen dem limbischen System und dem Frontalkortex vorangetrieben, während der Aufbau von Dopamin-Rezeptoren zu einer Intensivierung des Erlebens von Freude und Schmerz führt. Damit ist die Adoleszenz aus Sicht der Hirnforschung eine sehr lernintensive Phase des menschlichen Lebens. Natürlich finden diese Entwicklungen nicht in einer linearen Entwicklung und aufeinander abgestimmt statt, sondern verlaufen teilweise ungleichzeitig und in Schüben, was sich – neben dem Wahrnehmen der eigenen Veränderungen –

auch in heftigen Stimmungswechseln, emotionalen Ausbrüchen, nahezu anlasslosem Streit, vorschnellen Urteilen, überzogenem Widerspruchsverhalten insbesondere gegenüber Erwachsenen und in Überdramatisierungen zeigen kann. Gleichzeitig ist die Phase von einer unglaublichen Lernbereitschaft, einem sehr sensiblen Gerechtigkeitsempfinden und von der Bereitschaft, sich für eine bessere Welt zu engagieren, geprägt. Die eigenständige Verantwortungsübernahme für die Welt der Zukunft bahnt sich an. In der Regel lösen die Heranwachsenden die Entwicklungsaufgaben, vor denen sie stehen und werden zu konstruktiven Mitgliedern der Gesellschaft. Die Pubertät – gerade aus einer schulischen Perspektive betrachtet, in der Lernen und Wertebildung auf der Agenda stehen – ist also weniger als schwierige Problemphase, notwendiges Übel etc. anzusehen, sondern sollte vielmehr als Chance begriffen und in ihrer positiven Bedeutung gesehen und von der Schule konstruktiv begleitet werden.

6.3 Die Bedeutung der Herkunftsmilieus

Von der Lebenswelt, in der Jugendliche aufwachsen, war bereits die Rede. Dabei ist die Lebenswelt der Jugendlichen ein Sammelbegriff. Sie ist zu einem Teil natürlich auch von der Schule bestimmt, in der die Jugendlichen tatsächlich sehr viel Zeit verbringen, zumal die Schule sich oft auch mit dem Freundeskreis überschneidet. In der Schule trifft man auf die Gruppe der Gleichaltrigen, die in hohem Maße die (abstrakten) Peers und ihre Bedeutung repräsentieren. Die mediale Welt (soziale Medien, Unterhaltung, Spiele, das World-wide-Web als Informationsquelle) an der die Jugendlichen partizipieren, stellt sich ebenfalls als ein nicht zu unterschätzender Teil ihrer Lebenswelt dar. Darüber hinaus ist ihr weiteres Freizeitverhalten (Vereine, Sport) ein Teil ihrer Lebenswelt, die im Übrigen in sehr nachhaltiger Weise von der Familie und der mit ihr verbundenen Vorfindlichkeiten geprägt ist. Zu diesen Vorfindlichkeiten gehören der soziale Status der Eltern, die Art zu wohnen (Größe des Elternhauses, Wohnlage), Geschwistersituation, und die gesellschaftlichen und politischen Überzeugungen der Eltern. Möglicherweise kommt auch ein Migrationshintergrund hinzu, bis dahin, dass zuhause evtl. in einer anderen Sprache als Deutsch gesprochen wird.

Die Entwicklung der Kinder und Jugendlichen, insbesondere ihre Werteorientierung in der Jugendphase findet also auf einem soziokulturellen Hintergrund statt, der sich je nach Herkunft und Zugehörigkeit erheblich unterscheiden kann. Das Sinus-Institut unterscheidet für Jugendliche 2020 sieben verschiedene Milieus (Sinus-Jugendmilieus | SINUS-Institut). Diese Unterschiedlichkeit der soziokulturellen Herkunft birgt zwar durchaus Potential für die Arbeit der Werteorientierung in der Schule, ist aber zugleich auch eine Herausforderung. Konkret bedeutet das, dass an einer normalen Schule Jugendliche unterschiedlicher soziokultureller Herkunft und in Folge dessen mit sehr unterschiedlichen Werteorientierungen in einer Klasse sitzen. Im Idealfall regt das die Diskussion an, kann aber auch in der Schule dazu führen, dass Schüler*innen ihre Kontakte vorwiegend nach ihrem Herkunftsmuster wählen. Die Werteorientierung in der Schule findet also nicht nur in der sensiblen Zeit des Heranwachsens statt, sondern erfordert auch Kenntnisse über mögliche Herkunftsmuster und geschieht in Auseinandersetzung mit den unterschiedlichen werthaften Vorprägungen.

7 Wertebildung in der Schule – Handlungsfelder und Konkretisierungsmöglichkeiten

Die an der Menschenwürde orientierte Wertebildung ist eine notwendige Aufgabe und Herausforderung, gleichzeitig aber auch eine einzigartige Chance der Schule. In diesem Kapitel soll untersucht werden, wie sich die Schule dieser Herausforderung stellen kann, wie Werteorientierung an der Schule nicht nur die nötige Aufmerksamkeit bekommen kann, sondern auch, wie sie erkennbar, im Schulalltag wahrnehmbar und insbesondere praxisrelevant werden kann.

Dabei beschreibt die untenstehende Grafik einen Teil der bisherigen Gedankenführung und unterstreicht noch einmal die aus zwei unterschiedlichen Herausforderungen motivierte Notwendigkeit (ethische Herausforderungen durch gesellschaftliche Tendenzen und durch lebensweltliche und durch die Schule verursachte Problemlagen bei Jugendlichen) der sorgfältig wahrgenommenen Wertebildung.

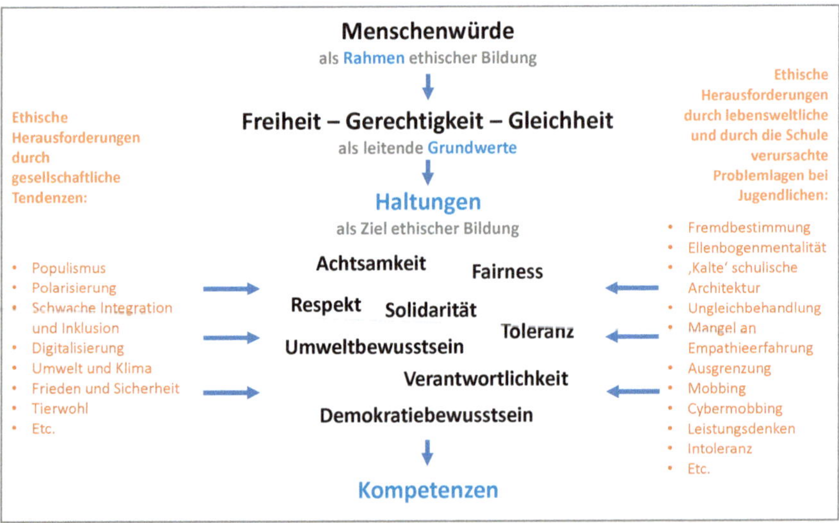

Die Wertebildung zielt idealerweise auf die Entstehung von Haltungen, die der Menschenwürde und der leitenden Grundwertetrias ‚Freiheit – Gerechtigkeit – Gleichheit' entsprechen. Allerdings – so wird sich zeigen – sind Werte dieser Art nicht ohne weiteres direkt ansteuerbar oder zu evozieren. Jugendliche kommen immer schon mit Wertegerüsten zur Schule, die in einem langen Prozess entstanden sind. Tiefliegende Überzeugungen sind auch nicht einfach durch geschickte und überlegene rationale Diskurse zu verändern. So ist auch die Wertebildung in der Schule nicht nur ein in seinen Möglichkeiten begrenzter Vorgang, sondern – auch dort, wo und wenn er erfolgreich ist – ein langwieriger Prozess. Werte sind nicht einfach ansteuerbar durch einzelne Aktionen, sondern entstehen – vielleicht sind die Begriffe wachsen und reifen eher angebracht – in einem für bestimmte Werte günstigen Gesamtsetting, also in einer stimmigen, prägenden Schulkultur.

7.1 Werte und Kompetenzen

Doch die Wertebildung muss mit dem Aufbau von korrespondierenden Kompetenzen verbunden sein, da sonst die Gefahr einer bloß gesinnungsethischen Sackgasse droht. Zum Wollen (im Sinne der Menschenwürde und der Grundrechte) muss auch das Können kommen. Kompetenzen korrespondieren mit Werten, können in Einzelfällen aber auch unabhängig von ihnen oder sogar konträr bzw. missbräuchlich (die Selbststeuerungs- oder auch die Planungskompetenz lassen sich auch zu negativen Zwecken einsetzen) zur Geltung kommen. Kompetenzen sind deutlich einfacher anzusteuern, aber es genügt eben gerade nicht, sich ausschließlich auf die Kompetenzen zu konzentrieren. Dabei kann es natürlich der Fall sein – Erhebungen hierzu wären durchaus interessant – dass bestimmte Kompetenzen sich auch auf die entsprechenden Haltungen auswirken. Heuristisch macht es sicher Sinn, von einem Wechselspiel zwischen Kompetenzen und Hal-

Haltungen ⇄	Kompetenzen
Achtsamkeit	Recherche- und Informationskompetenz Gründlichkeit Offenheit/Neugier
Fairness	Urteilsfähigkeit Diskursfähigkeit Kritisches Denken
Respekt	Meinungsbildungskompetenz Zuhören können Dialogfähigkeit
Solidarität	Kompromissfähigkeit Selbststeuerungs- und Selbstregulationskompetenz
Toleranz	Planungs- und Handlungskompetenz Empathie Reflexionsfähigkeit und Fähigkeit zur Selbstkritik
Umweltbewusstsein	Digitale Kompetenzen Umweltwissen
Verantwortlichkeit	Konfliktlösungskompetenz, Streitschlichtung Interkulturelle Kompetenz Selbstbildungskompetenz
Demokratiebewusstsein	Umsicht/vorausschauendes Denken Etc.

tungen auszugehen. Die untenstehende erweiterte Darstellung zeigt die Kompetenzen, die in den folgenden Ausführungen neben den anzustrebenden Haltungen im Fokus stehen.

7.2 Struktur- und Prozessqualität

Um für die schulische Praxis die Werteorientierung besser handhabbar zu machen, definieren wir im Folgenden einige schulische Handlungsfelder. In diesen Handlungsfeldern unterscheiden wir dabei zwischen Strukturqualität und Prozessqualität. Diese Unterscheidung ist – so werden wir sehen – für die Steuerungsfähigkeit einer Schule von zentraler Bedeutung und schafft – gut kommuniziert – Klarheit für alle Beteiligten im Hinblick auf Handlungsmöglichkeiten, Verhalten und auch Zuständigkeiten.

Schulen sind zunächst gekennzeichnet von zahlreichen Strukturen. Das Arbeiten der Lehrkräfte, das Lernen der Schüler*innen findet immer in vorgebebenen, mehr oder weniger starren Strukturen statt. Bereits die Schulform, die ein*e Schüler*in besucht oder in der eine Lehrer*in unterrichtet, ist eine Struktur. Ebenso die Stundentafel, der Stundenplan oder – auf der Unterrichtsebene – die Abfolge der von der Lehrkraft vorgesehenen Unterrichtsschritte. Ob in Doppel- oder Einzelstunden unterrichtet wird, ist eine Strukturfrage. Darüber hinaus gibt es auch Ablaufstrukturen (etwa bei der Erstellung der Zeugnisse oder bei Disziplinarmaßnahmen), die angeben, wie bestimmte Vorgänge zu handhaben sind. Und nicht zu vergessen: Auch die Räumlichkeiten einer Schule sind eine vorfindliche Struktur. Und schließlich gehören auch die an einer Schule tatsächlich vorhandenen Lehrer*innen (die sich vielleicht ein bisschen von den Lehrkräften einer anderen Schule unterscheiden nach Alter, Geschlecht, Ausbildung etc.) und die Schüler*innen (die von ihrem Wohnbezirk geprägt sind, von denen es mehr oder weniger mit Migrationshintergrund gibt etc.) zur vorfindlichen Struktur.

Prozesse hingegen entstehen durch das Agieren insbesondere der Lehrer*innen in den vorfindlichen Strukturen. Dabei verhält sich jede Lehrkraft durchaus individuell. Das bedeutet, dass die Prozessqualität an einer Schule meist nicht einheitlich ist (es übrigens auch nicht in jeder Hinsicht sein sollte). Prozesse – also das, was sich z. B. im unterrichtlichen oder auch außerunterrichtlichen Agieren meist auch mit beziehungsrelevanten Aspekten abspielt – sind weniger sichtbar als Strukturen (was im Übrigen nicht nur daran liegt, dass sie häufig hinter verschlossenen Klassenzimmertüren stattfinden). Sie sind eher nicht standardisierbar und nur mühsam zu verändern. Die Unterscheidung zwischen Struktur- und Prozessqualität ist natürlich nicht nur im Hinblick auf die Wertebildung von zentraler Bedeutung. Sie ist grundsätzlich ein wichtiges Hilfsmittel (ein Teil der obigen Beispiele hat das ja bereits verdeutlicht) z. B. auch im Hinblick auf die Unterrichtsqualität (wobei dann vielfach zur Unterscheidung auch die Begriffe Sicht- und Tiefenstrukturen gebraucht werden). Die Unterscheidung der beiden Qualitätsebenen unterstreicht einmal mehr, die Notwendigkeit, als Grundlage für die schulische Wertebildungsarbeit ein Höchstmaß an Klarheit bei den Beteiligten herzustellen und die Bedeutung der Wertebildung als gemeinsame Aufgabe einer Schule zu begreifen.

Strukturen und Prozesse wechselwirken miteinander und bedingen sich in hohem Maße. Das lässt sich am Beispiel von Klavier (Struktur) und Klavierspiel (Prozess) verdeutlichen. Vermutlich gelingt es einem Virtuosen auch einem mittelmäßigen, vielleicht sogar leicht verstimmten Klavier Erstaunliches zu entlocken, während das Spiel eines unmusikalischen Anfängers auch auf einem hochwertigen Flügel nicht beeindrucken wird. Spielt (Prozess) aber ein guter Klavierspieler auf einem hochwertigen Piano (Struktur), wird die Wechselwirkung – und damit die Ergebnisqualität – beeindruckend sein.

7.3 Schulische Handlungsfelder

Im Hinblick auf die Werteorientierung schlagen wir eine Reihe von schulischen Handlungsfeldern vor, die wir in vier Blöcken vorstellen. Alle vier Blöcke und alle Handlungsfelder überschneiden sich teilweise, korrespondieren und wechselwirken miteinander. Synergieeffekte sind also durchaus zu erwarten.

Im ersten Block (Bildungsgerechtigkeit, Hilfe zur Selbstentfaltung, Schulgestaltung) geht es um drei Handlungsfelder, die nicht in erster Linie der Wertebildung dienen, sondern für die Schüler*innen ein werteorientiertes Setting gewährleisten, die Schüler*innen als Personen ernstnehmen und die ihnen zustehende Würde gewährleisten.

Im zweiten Block steht die Wertebildung mit zwei Handlungsfeldern (Beziehungskultur und Fehlerkultur), denen vor allem innerschulisch allergrößte Bedeutung zukommt, im Vordergrund.

Im dritten Block (Demokratie und Verantwortung; Frieden; Umwelt und Klima) geht es um die gesellschaftlich und politisch relevante Wertebildung.

Als eigenes, wenn auch etwas anders geartetes Handlungsfeld sehen wir den Wertediskurs im Fachunterricht, der gesondert im Hinblick auf seine Möglichkeiten angeschaut werden soll.

Ist eine Schule in mehreren Handlungsfeldern aktiv – was die Regel sein dürfte – , hat sie nicht nur einen Konsistenzgewinn, sondern kann durch die Überlappungen von zahlreichen Synergie- und Nachhaltigkeitseffekten profitieren. Die vorgeschlagenen Handlungsfelder ergänzen und stärken nicht nur den Wertediskurs in den verschiedenen Fächern, sondern stellen ihn insbesondere in einen authentischen Rahmen. Dazu später mehr.

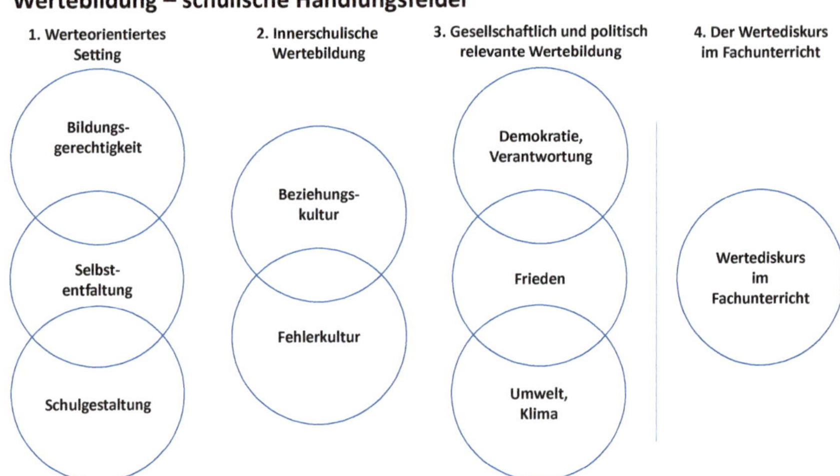

7.3.1 Werteorientiertes Setting

Man kann nicht über werteorientierte Schulentwicklung reden, ohne mit der Praxis – also dem Gewähren – der grundlegenden Werte von Freiheit, Gerechtigkeit und Gleichheit zu beginnen. Eine werteorientierte Schule schafft damit das Setting und damit die notwendige Grundlage für die Wertebildung.

Beginnen wir mit der Bildungsgerechtigkeit.

a) **Bildungsgerechtigkeit.** Bildungsgerechtigkeit bedeutet, dass jedes Kind entsprechend seiner Begabung gefördert wird und damit gleiche Startchancen ins Leben hat, die unabhängig von seiner Herkunft sind. Davon ist Deutschland, wie seit nunmehr über zwanzig Jahren eine Erhebung nach der anderen zeigt, weit entfernt. Kinder aus prekären Verhältnissen oder mit Migrationshintergrund, mit herkunftsbedingten sprachlichen Defiziten haben in Deutschland nicht die gleichen Chancen. Das widerspricht den Grundwerten der Gerechtigkeit und der Gleichheit. Dieser Sachverhalt ist nicht so sehr das Verschulden der einzelnen Schule, sondern zu einem erheblichen Teil eine Folge der traditionellen Strukturen im Bildungssystem. Das beginnt im vorschulischen Bereich. Die von wenigen Ausnahmen abgesehen vierjährige Grundschule (zu frühe Selektion), die im Anschluss erfolgende Bildungsempfehlung (sehr fehleranfällig) für ein mehrgliedriges System und die in der Praxis der Sek.1 meist sehr eingeschränkte Durchlässigkeit nach oben auch in Folge fehlender individueller Förderung und schließlich die immer noch maßgebende Halbtagsstruktur und der damit verbundene Verzicht auf eine im Sinne der Förderung wichtige erweiterte Professionalität (sozialpädagogische und sonderpädagogische Fachkräfte, Unterrichtsassistenz) der Schule führen immer wieder neu zur Bildungsungerechtigkeit. Dieses System ist tief in der Gesellschaft verankert und prägt das Denken von Bildungsverantwortlichen – bis hin zu den Lehrer*innen. Die Bildungspolitik (in Deutschland durch den Föderalismus zunehmend gehandicapt) und ohne den nötigen Rückhalt und das Veränderungsbewusstsein in der Gesellschaft findet nicht den Mut zu grundlegenden Reformen, die in schulstruktureller Hinsicht der Gerechtigkeit und der Chancengleichheit gerade im Hinblick auf Kinder und Jugendliche gerecht werden.

Diese bittere Analyse entbindet die einzelne Schule aber keineswegs von der Verantwortung im Hinblick auf Bildungsgerechtigkeit, die sie in ihrem Rahmen hat und wahrnehmen kann. Immer wieder spricht Annedore Prengel (2020, S. 7) in Anlehnung an den englischen Kinderarzt und Psychoanalytiker Donald Winnicott, dass es darum geht, eine ‚genügend gute' pädagogische Praxis zu realisieren. Und da ist an allen Schulen Luft nach oben. Gleichzeitig ist auch klar, dass perfekte Lösungen nicht möglich sind.

Einige der unten aufgeführten Aspekte – sie erheben keinen Anspruch auf Vollständigkeit – wollen wir zum besseren Verständnis etwas genauer ausführen und beispielhaft auch das im Idealfall stattfindende Zusammenspiel von struktur- und prozessqualitativen Elementen zeigen.

Schüler*innen aus prekären Verhältnissen sind nicht unbedingt auf den ersten Blick in einer Schulklasse sichtbar. Da die Herkunft aus prekären Verhältnissen oft schambesetzt ist, wird versucht, diese so gut es geht zu kaschieren. Das interessierte und sorgfältige Hinschauen von Lehrer*innen kann erste Indizien liefern. Dass ein*e Schüler*in sich einem*r Lehrer*in offenbart im Hinblick auf ihre möglicherweise problematischen häuslichen Verhältnisse (z. B. kein Frühstück, Arbeitslosigkeit des Vaters/der Mutter, große Geschwisterzahl, keine Möglichkeit, zuhause in Ruhe zu arbeiten, keinerlei häusliche Unterstützung, Gefahr häuslicher Gewalt, häusliche Kommunikation in einer anderen Sprache etc.) ist eher die Ausnahme und erfordert im Vorfeld den Aufbau eines gegenseitigen Vertrauensverhältnisses. Erst auf dieser Grundlage kann zusammen mit einem*r entsprechenden Schüler*in nach unterstützenden Möglichkeiten und kompensatorischen Fördermöglichkeiten (so sie denn strukturell vorhanden sind) nachgedacht werden (El-Mafaalani 2021). Wichtig wird es dabei sein, das Selbstwertgefühl der Schüler*innen zu stärken, indem sie an Themen herangeführt oder an Projekten beteiligt werden, in denen sie Stärken erleben und ein Stück von sich selbst entfalten können.

Es wird immer wieder Situationen geben, in denen Schüler*innen – insbesondere in jüngeren Jahren – ihre eigenen längerfristigen Interessen zum einen noch zu wenig kennen und zum anderen nicht in der Lage sind, in konkreten Fällen (z. B. in Zeugniskonferenzen oder bei Versetzungsentscheidungen oder wenn ein Schulartwechsel ansteht) wirklich für sich einzustehen. Immer wieder kommt es dann darauf an, dass es Lehrer*innen gibt, die in advokatorischer Verantwortung für die wohlverstandenen Interessen des*r Schülers*in eintreten, die dann über Hintergrundwissen (Kenntnis der häuslichen Verhältnisse, der Begabungsressourcen und Potentiale) verfügen und dafür einstehen, dass ‚der Fall' nicht nur nach formalen Regelungen („Die Noten sprechen eine eindeutige Sprache …") abgehandelt wird, sondern dass dem*r Schüler*in quasi ein Gesicht gegeben wird, und nach Möglichkeit eine tragfähige Zukunftsperspektive mit entsprechenden Unterstützungen an der Schule gegeben wird (vgl Bohl 2019; Beutel/Pant 2020).

Freiheit und Beurteilungsspielraum bei der Notengebung

Die Lehrer*innen benötigen „bei der Leistungsbeurteilung einen pädagogischen Beurteilungsspielraum". Dem wird einerseits dadurch Rechnung getragen, dass sich die Regelungen der Notenbildungsverordnung „auf ein Mindestmaß beschränken und insbesondere regeln, worauf im Interesse der Chancengerechtigkeit" der Schüler*innen nicht verzichtet werden kann. Dies erfordert andererseits, dass die Lehrer*innen ihren „pädagogischen Beurteilungsspielraum", den sie im Interesse der Schüler*innen haben, verantwortungsvoll nutzen.

Aus der Verordnung des Kultusministeriums BW über die Notenbildung

Bildungsgerechtigkeit	
Ziele: Wahrung der Würde jedes Einzelnen, Gerechtigkeit, Chancengleichheit	
Strukturqualitative Regelungen	**Prozessqualitatives Verhalten**
• Nach Möglichkeit Weiterentwicklung der Schulart zu gemeinsamem Lernen • Einführung oder Ausbau des (möglichst gebundenen) Ganztags (bis Klasse 8) • Erweiterte Professionalität aufbauen • Bedarfsgerechte Kompensationen für auffällige Schüler*innen oder Schüler*innen aus prekären Verhältnissen aufbauen • Inklusion mit guter Förderung verbinden • Sprachkurse, wo notwendig, für Schüler*innen mit Migrationshintergrund • Hausaufgabenbetreuung • Formate für Neugier und alternatives Lernen anbieten (Lernlabor, Makerspace, Schülerfirmen) • Talentförderung	• Wahrnehmung von Schüler*innen • Vertrauen der Schüler*innen gewinnen • Hintergrundwissen zu einzelnen Schüler*innen aufbauen • Selbstwert der Schüler*innen stärken • Interessen aufbauen • Begabungen entdecken, Begabungen wecken • Abschulung vermeiden • Advokatorisch für Schüler*innen eintreten • Zuversicht ausstrahlen • Etc.

• Gesprächsformate in Bezug auf auffällige Schüler*innen • Alternative Bewertungs- und Leistungsmaßstäbe etablieren, formatives Feedback • Etc.	

b) **Hilfe zur Selbstentfaltung.** Auch die Hilfe zur Selbstentfaltung der Schüler*innen ist ein zentrales Handlungsfeld an einer werteorientierten Schule. Diese ist am unmittelbaren und am zukünftigen Wohlergehen aller ihrer Schüler*innen interessiert. Eine solche Schule versteht sich nicht nur als Transmission staatlicher Vorgaben, sondern versucht im Vorgeschriebenen (und das beinhaltet immer auch einen großen Rahmen, Spielräume, die es auszunutzen gilt und zahlreiche Anregungen) immer auch nach der Möglichkeit, die Persönlichkeit ihrer Schüler*innen zur Geltung und zur Entfaltung zu bringen und in sie zu investieren. Auch bei der Hilfe zur Selbstentfaltung geht es noch weniger um die Wertebildung als darum, die Schüler*innen die Wertschätzung, die ihnen als Menschen gebührt, zukommen und Werte erfahren zu lassen und ihre Würde und Individualität zu respektieren. Das geschieht auf dem Hintergrund eines auch unter ökonomischen Regeln stehenden und mit begrenzten Ressourcen ausgestatteten Systems. Auch hier wäre denkbar, dass von gesellschaftlich-politischer Seite mehr investiert wird, aber auch hier gilt, dass eine Schule und die in ihr engagierten Lehrer*innen durch ihre Absprachen und Beschlüsse (Strukturqualität) und durch ihr Verhalten (Prozessqualität) einen Unterschied machen können und sich die Frage stellen, ob das, was sie tun, gut genug ist.
Unter dem Aspekt der Hilfe zur Selbstentfaltung geht es weniger um die Bildungsgerechtigkeit, es geht nicht darum, nur die auffälligen oder benachteiligten Schüler*innen im Auge zu haben, sondern grundsätzlich alle Schüler*innen, auch die mit besonderen Begabungen optimal zu fördern (auch wenn sie schon gut sind!).
Strukturell gibt es verschiedene Möglichkeiten, die die Selbstentfaltung der Schüler*innen unterstützen können. So kann ein Netz von Beratungsstrukturen und/oder ein Tutorensystem aufgebaut werden, bei dem Lehrer*innen für kleine Schüler*innengruppen, mit denen sie regelmäßig durchaus breit angelegte Gespräche führen, eine langfristige Verantwortung übernehmen. Natürlich kommt es bei den Lehrer*innen, die sich als Tutor*innen engagieren nicht nur auf ihre Gesprächskompetenz an, sondern – strukturqualitativ – auf ihre Bereitschaft, Schüler*innen Vertrauen entgegen zubringen, auf die Schüler*innen neugierig zu sein, Interesse an ihren Sichtweisen und Begabungen zu haben.
Um auch die Vielzahl der Neigungen und möglichen Begabungen der Schüler*innen einer Schule abzubilden, ist zu überlegen, welche Angebote (durch-

aus unter Einbeziehung älterer Schüler*innen als Mentor*innen oder auch von externen Partnern) an einer Schule etabliert werden können. Das können Neugier- oder Forschungsformate (z. B. Jugend forscht), praktisch-handwerklich orientierte Angebote oder sportlich oder künstlerisch oder musikalisch herausfordernde Arbeitsgruppen (etc.) sein. Prozessqualitativ kommt es darauf an, dass die Lehrer*innen die Schüler*innen in ihrer Vielfalt wahrnehmen, untereinander so gut im Team zusammenarbeiten, dass sie sich gegenseitig auf Schüler*innen aufmerksam machen, und dass sie in den Arbeitsformaten den Schüler*innen durchaus viel zutrauen.

<table>
<tr><th colspan="2">Hilfe zur Selbstentfaltung</th></tr>
<tr><td colspan="2">Ziele: Freiheit ermöglichen, Würde gewähren, Entfaltungsfreiheit, Selbstwirksamkeitserfahrungen ermöglichen;
Selbstregulationskompetenz aufbauen</td></tr>
<tr><td>Strukturqualitative Regelungen</td><td>Prozessqualitatives Verhalten</td></tr>
<tr><td>• Beratungsstrukturen (Angebote, Anlässe)
• Tutor*innensysteme (Verantwortlichkeit von Lehrkräften für eine überschaubare Gruppe von Schüler*innen)
• Formatives Feedback
• Vielfältiges Angebot über den Pflichtbereich hinaus (Neugier- und Forschungsformate)
• Möglichkeiten der Verantwortungsübernahme
• Beratung und/oder Kurse zur Selbststeuerung und zu sog. Selbstkompetenzen
• Berufsberatung
• Etc.</td><td>• Wahrnehmen der Schüler*innen
• Ermuntern, ermutigen
• Vertrauen schenken, etwas zutrauen
• Experimentieren lassen
• Vorausschauend denken
• Etc.</td></tr>
</table>

c) **Schulgestaltung.** Mit der Schulgestaltung kommen wir zu einem dritten Handlungsfeld. Die Gestaltung einer Schule kann Unterschiedliches ausdrücken. Funktionalität, Modernität, Rationalität, Nüchternheit. Sie kann kalt oder warm wirken. Sie kann aber auch ein wichtiger Baustein im Sinne einer wertebewussten Schulgestaltung zum Ausdruck von Wertschätzung der Schüler*innen (und natürlich auch der Lehrkräfte, die in der Schule arbeiten) sein.
Schulgestaltung – breit verstanden – beginnt mit der Architektur der Schule, geht weiter über die Inneneinrichtung bis hin zu Pflanzen, Kunst, Ausstellungen. Dabei spielen Materialien und Farben durchaus eine Rolle. Auch die Instandhaltung Pflege und damit die Sauberkeit sind von großer Bedeutung.
Natürlich ist klar, dass die Freiheitsgrade einer einzelnen Schule hier begrenzt sind. Häufig stammt die Architektur noch aus einer anderen Zeit – sozusagen eine betonierte Struktur – und für eine attraktive Schulgestaltung ist man

abhängig von den meist nicht großzügig gegebenen Mitteln des Schulträgers.
Dennoch lässt sich - oft auch mit bescheidenen Mitteln - Willkommen und Wertschätzung ausdrücken. Insbesondere die Schulleitung - darin unterstützt von Kolleg*innen - sollte ein Bewusstsein für Gestaltungsmöglichkeiten und Attraktivität der Schule für die Schüler*innen entwickeln. Sie sollte sensibel sein für Chancen (Umbauten, Beschaffungen, Wechsel beim Reinigungspersonal etc.), die sich bieten und diese gezielt im Sinne einer Agenda für eine schönere Schule nutzen. Auch die Einbindung der Schüler*innen, der Eltern und das Generieren von Mitteln (z. B. Sponsoring) anlässlich besonderer Projekte gehören in diesen Zusammenhang.

Schulgestaltung	
Ziele: Wertschätzung zum Ausdruck bringen und erlebbar machen, Wellbeing ermöglichen, Achtsamkeit	
Strukturqualitative Aspekte	**Prozessqualitative Aspekte**
• Beteiligungsformate bei der Schulgestaltung für die Schüler*innen • Rückzugs- und Ruhebereiche • Spielecken • Sitzgelegenheiten • Attraktive Gestaltung der Räume und des Schulgeländes • Zeitgestaltung (Unterrichtsbeginn, Rhythmisierung, Pausen etc.) • Etc.	• Verschönerungsmöglichkeiten aufspüren • Bedürfnisse der Schüler*innen wahrnehmen • Unterstützung organisieren • Etc.

7.3.2 Die Schulkultur: Innerschulische Wertebildung

Nachdem es in den letzten Unterkapiteln um drei wichtige Aspekte ging, die im Hinblick auf die Wertebildung nicht ignoriert werden dürfen, auch wenn sie selbst eher einen werteorientierenden Rahmen darstellen, wird mit den nächsten beiden Handlungsfeldern schon ein deutlicher Schritt von der wertorientierten zur wertebildenden Schule getan. Dass die Beziehungskultur und die Fehlerkultur an einer Schule zwei Handlungsfelder sind, die ein deutlicher Ausdruck der Werteorientierung einer Schule sind und inwiefern sie gleichzeitig einen wichtigen Beitrag zur Wertebildung leisten können, soll in den beiden folgenden Abschnitten gezeigt werden. Ein werteorientiertes Setting und eine gelebte Beziehungs- und Fehlerkultur schaffen in der Schule einen glaubwürdigen Rahmen auch für weitergehende Wertebildung und den Wertediskurs und machen das Agieren der Schule authentisch.

a) **Beziehungskultur.** Eine Schule lebt von der Beziehungskultur. Die Leistungsbereitschaft an einer Schule mit einer intakten und guten Beziehungskultur ist größer und breiter gestreut.
Es wird nicht überraschen, zu sehen, dass für die Beziehungskultur insbesondere die Prozessqualität von entscheidender Bedeutung ist. Natürlich lassen sich mit einigen strukturellen Maßnahmen die Rahmenbedingungen schaffen, in denen z. B. Gespräche ohne Zeitdruck und vielleicht sogar in einem attraktiven, extra dafür vorgesehen Raum führen lassen. Man kann Feedbackstrukturen regelmäßig und verpflichtend machen. Man kann den Klassenlehrkräften eine Stunde geben, die nicht fachunterrichtlich belegt ist, so dass wöchentlich Zeit entsteht, mit der ganzen Klasse im Gespräch zu sein über Klassenangelegenheiten, Projekte oder den Klassenrat. Das kann sehr zur Verständigungs- und Diskurskultur innerhalb einer Klasse beitragen. Zahlreiche außerunterrichtliche Veranstaltungen einer Schule (Sport, Musik, Theater, Kunstfahrten, Schullandheime, Ausflüge, Studienfahrten) sind hervorragende Begegnungsmöglichkeiten zwischen Lehrer*innen und Schüler*innen, aber auch zwischen den Schüler*innen. Schüler*innen können dabei in anderen Kontexten wahrgenommen werden, es kann ein deutlich anderes Bild von ihnen entstehen, als man es vielleicht aus dem Fachunterricht gewohnt ist. Es kann zu wesentlich unbefangeneren Gesprächen kommen als im engen Umfeld des Unterrichts und den damit verbundenen Leistungserwartungen.
Doch auch wenn all diese Strukturen reichlich vorhanden sind, wird es zum einen auf die Wahrnehmung dieser Strukturen durch die Lehrkräfte und zum anderen auf die Art und Weise, wie die Lehrer*innen in diesen Strukturen arbeiten, ankommen. Wobei es immer wieder auch Lehrer*innen geben wird, die in hohem Maße auch ohne oder außerhalb dieser Strukturen hervorragende Beziehungen zu ihren Schüler*innen unterhalten. Dennoch wirken gute Strukturen entlastend und unterstützen die prozessqualitativen Aspekte.
Für die Wertebildung der Schüler*innen ist schlussendlich die Prozessqualität verantwortlich, also wie die Kolleg*innen in den – möglichst unterstützenden Strukturen – mit den Schüler*innen tatsächlich in Beziehung treten. Erleben die Schüler*innen das Agieren der Lehrkräfte einer Schule als freundlich, wohlwollend und empathisch, erfahren sie, dass ihre Lehrkräfte sich wirklich für sie interessieren und dass es immer wieder Gespräche auf Augenhöhe gibt, in denen die Lehrer*innen nicht nur reden und Ratschläge erteilen, sondern auch zuhören, gewinnen die Schüler*innen nicht nur an Selbstwert, sondern können diese Verhaltensweisen – es ist eine Art Lernen am Vorbild – zunehmend auch selbst verinnerlichen und in ihren eigenen Beziehungen zur Geltung bringen. Durch eine von Achtsamkeit, Respekt und Fairness geprägte Beziehungskultur und das Einüben von Empathie und Zuhören (etwa im Klassenrat) kann es gelingen, dass entsprechende Werte und Kompetenzen bei den Schüler*innen aufgebaut, zumindest aber unterstützt, verstärkt und ver-

stetigt werden (man darf nicht vergessen, dass die Schüler*innen z. T. innerhalb aber vor allem auch außerhalb der Schule ständig auch anderen Einflüssen ausgesetzt sind).

Beziehungskultur	
Ziele: Achtsamkeit, Respekt, Fairness, Toleranz; Empathie, Zuhörenkönnen, Dialogfähigkeit	
Strukturqualitative Aspekte	**Prozessqualitative Aspekte**
• Zeitfenster für L-S-Gespräche • Feedbackstrukturen • Klassenlehrer*innenstunde/Klassenrat • Tutorensystem • Außerunterrichtliche Begegnungsmöglichkeiten • Streitschlichtungsprogramme • Offene Türen, Zugänglichkeit • Etc.	• Schüler*innen wahrnehmen, achtsam sein • Empathie zulassen, empathisch sein • Spontan sein, offen sein • Neugierig auf Schüler*innen sein • Anteil nehmen • Sich Zeit nehmen • Zuhören • Vertrauen schenken • Gespräche suchen und offen führen • Auf Augenhöhe kommunizieren • Verlässlich sein • Nicht negativ über Schüler*innen reden • Etc.

b) **Fehlerkultur.** Die Wirksamkeit einer Fehlerkultur bewährt sich im täglichen Miteinander in einer Schule und insbesondere in der unterrichtlichen Praxis. Im Rahmen der Fehlerkultur spielen die Strukturen eine untergeordnete Rolle, die Prozessqualität steht eindeutig im Vordergrund.
Traditionell ist der lehrer*innenzentrierte Unterricht eher durch die Abwesenheit einer Fehlerkultur gekennzeichnet. Der Fachvortrag der Lehrkraft (das fehlerfreie Lehren) setzte sozusagen eine Norm, auf deren Hintergrund Fehler bei den sich anschließenden Übungen und Erweiterungen diskriminiert werden konnten. Erst die Einsicht, dass Lernen ein eigenständiger Vorgang ist, der in einem nichtlinearen Verhältnis zum Lehren steht, schafft die Grundlage, auf der Fehlerkultur eine zentrale Bedeutung für das Lernen bekommen kann. Fehler – insbesondere, wenn Schüler*innen angeleitet werden zum lauten Denken – geben wichtige Einblicke in die Denk- und Lernprozesse der Schülerinnen. Fehler können dabei als schmerzhafte Fehlversuche (Oser/Spychinger 2005) erfahren werden, aber sie tragen dazu bei, eigenständiges Lernen zu konstituieren – was insbesondere in Unterrichtsformaten, die das eigenständige Lernen betonen, von besonderer Bedeutung ist. Im Rahmen einer Unterrichtssituation können Fehler zu erweiterten und geschärften Erklärungen der Lehrer*innen beitragen und so zur Verständlichkeit des Stoffes für eine erweiterte Gruppe in der Klasse beitragen.
Werden Schüler*innen wegen gemachter Fehler bloßgestellt – was gerne ge-

schieht, wenn eine Lehrkraft einen ausführlichen und, wie sie meint, durchaus redundanten Erklärungsvortrag gehalten hat – , hat das eine mehrfache Wirkung in der Klasse. Nicht nur der*die betroffene Schüler*in wird sich mit weiteren Beiträgen zurückhalten, sondern auch viele andere (das verhindert Selbstwirksamkeitserfahrungen). In der Klasse bilden sich zwei Lager, die, die etwas verstanden haben (voller Stolz – ‚wir sind besser als …' – und mit Geringschätzung oder Mitleid für die Unverständigen), und die, die trotz aller Erklärungen dem Unterricht nicht (mehr) folgen können. Der Verzicht auf Bloßstellung wahrt die Würde aller Schüler*innen. Das Interesse an ihrem tatsächlichen Lernen (das auch ihre Fehler zeigen) hilft, sie bei ihrem individuellen Lernen besser zu begleiten.

Einige typische Fehler beim Korrigieren

- Effekt der Zusatzinformationen
  Negative oder positive Zusatzinformationen beeinflussen die Benotung einer Schüler*innenarbeit.
- Sympathie-Effekt
  Sympathische Schüler*innen werden positiver bewertet und umgekehrt.
- Effekt des ersten Eindrucks
  Der erste Eindruck beim Korrigieren beeinflusst die weitere Korrektur.
- Reihenfolgen-Effekt
  Die erste Note beim Korrigieren beeinflusst die Korrektur der nachfolgenden Arbeiten.
- Halo-Effekt
  Ein eindrückliches Merkmal einer Schülerin/eines Schülers („Wer in Latein gut ist, ist auch in Mathe gut.") beeinflusst die Wahrnehmung beim Korrigieren.
- Etc.

Aber Fehler prägen auch unabhängig vom fachlichen Lernen den Schulalltag. So ist längst bekannt, dass beim Korrigieren von Schüler*innenarbeiten regelmäßig typische Fehler unterlaufen. Auch können Lehrer*innen z. B. eine Unterrichtsstörung falsch zuordnen und den Unschuldigen zur Rechenschaft ziehen. Sie können in einem Streitfall zwischen zwei Schüler*innen die Ursache und Wirkung verwechseln und den/die Betroffene*n statt den/die Verursacher*in bestrafen.

All diese Fehler sind nicht beabsichtigt, prägen aber jeden schulischen Alltag. Oft wird Widerspruch im Keim erstickt oder werden Nachfragen bereits als unverhältnismäßig oder unverschämt unterbunden. Häufig kommt es vor, dass nicht zwischen Person und Sache getrennt wird, dass also z. B. ein Widerspruch auf der Sachebene („Ich finde die Note ungerecht.“) als unangenehme Eigenschaft einer Person (meist des Schülers*der Schülerin) angesehen wird („NN ist ein fieser Typ“).

Eine in einem Kollegium etablierte Fehlerkultur weiß um die eigene Fehleranfälligkeit und verhindert die oft reflexartige Selbstverteidigung durch Gegenangriff. Ein regelrechtes Beschwerdemanagement mit entsprechenden Ablaufstrukturen kann helfen, Fehler zu entpersonalisieren und sie zu dem zu machen, was sie innerhalb einer lernenden Organisation auch sein sollten: Lerngelegenheiten – auch für die Lehrer*innen oder die Schulleitung.

Fehlerkultur	
Ziele: Fairness, Respekt, Achtsamkeit, Ehrlichkeit; Urteilskompetenz, Gründlichkeit, Reflexionsfähigkeit, Selbstbildungskompetenz	
Strukturqualitative Aspekte	**Prozessqualitative Aspekte**
• Experimentier- und Forschungsformate, die Versuch- und Irrtum-Erfahrungen ermöglichen • Selbstorganisiertes Arbeiten • Formatives Feedback als Ergänzung zu den Noten • Beschwerdemanagement und Regeln zum Umgang mit Fehlern • Einholung von Feedback von den Schüler*innen • Schule als lernende Organisation • Etc.	• Fehler als Lerngelegenheiten begrüßen und benutzen • Notwendigen Klärungen flexibel Vorrang gewähren • Nicht beschämen • Nicht bloßstellen • Zwischen Person und Sache trennen • Selbstkritisch sein • Fehler zugeben, sich ggf. entschuldigen • Vermeidung von Ungeduld • Etc.

7.3.3 Gesellschaftlich und politisch relevante Wertebildung

Natürlich können Schüler*innen bei zahlreichen Anlässen im Fachunterricht – insbesondere in Fächern wie Politik/Sozialkunde, Geschichte, Philosophie, Ethik, Geographie, Biologie, Religion – viel über ihre Verantwortlichkeit für die Welt und Zukunft lernen. Demokratie, Frieden und Sicherheit, Umwelt und Klima sind im Fachunterricht regelmäßig – auch lehrplanmäßig – anstehende Themen. Doch es bleibt immer die bange Frage, inwieweit der Fachunterricht in der Lage ist, entsprechende Haltungen der Verantwortlichkeit und die dazugehörigen Kompetenzen aufzubauen. Natürlich werden wir uns dem wertebezogenen Diskurs im Fachunterricht noch sorgfältig zuwenden. In den nächsten drei Unterkapiteln soll es indes darum gehen, grundlegende Werte im Hinblick auf Gesellschaft, Politik und Umwelt im schulischen Miteinander erfahrbar zu machen und einüben zu können.

a) **Demokratie/Verantwortung.** Die demokratische Grundbildung und die Erziehung zur Verantwortungsübernahme gehören zum anerkannten Bildungsauftrag der Schulen. Die offene Frage ist, wie gut den Schulen die Umsetzung des Bildungsauftrags in dieser Hinsicht gelingt. Es gibt Indizien, dass Bildungserträge in Form von bürgerschaftlichem und politischem Engagement auftreten und die Schulbildung – entsprechende Beobachtungen konnten in den USA und Großbritannien gemacht werden – sich auf das staatsbürgerliche Verhalten auswirkt (Kugler/Wößmann 2019, S. 255).
Gesellschaftliche Entwicklungen, antidemokratische und populistische Tendenzen verstärken den Ruf nach einer wirkungsvollen demokratischen Grundbildung. Beutel et al. Stellen fest bzw. fordern: „Die Schule der westlichen Moderne will unpolitisch sein, soll und muss aber demokratische Handlungskompetenz als Bildungsziel nicht nur formulieren, sondern durch entsprechende kompetenzfördernde Settings verwirklichen." (Beutel/Marx/Pant 2022). Dass die Schulen tatsächlich über eine ganze Reihe von Möglichkeiten bei der demokratischen Bildung verfügen, ist unbestritten. Gleichwohl bleibt zu fragen, warum möglicherweise seit Jahren die erwartete Wirkung ausbleibt. Es kann auch nicht sein, die Schulen für die Zunahme antidemokratische Tendenzen in der Gesellschaft verantwortlich zu machen und ihnen ein Versagen zu unterstellen. Die besorgniserregenden Tendenzen ergeben sich vermutlich aus einer übergeordneten komplexen gesellschaftlichen Dynamik, die im Übrigen weltweit zu beobachten ist, geprägt auch durch das Internet und soziale Medien. Die persönliche und unabhängige Meinungsbildung wird in einer Welt, in der der Einzelne in der Gefahr steht, von Algorithmen gesteuert zu werden und in der Meinungstrends sozusagen maschinell erzeugt werden können, immer schwieriger. Der Aufbau einer soliden Meinungsbildungskompetenz ist längst für die Schulen eine wichtige Herausforderung geworden.
Umso mehr gilt: Angesichts der aktuellen Lage ist die Wahrnehmung des Auftrags der demokratischen Grundbildung so dringlich, wie sie es vermutlich in Deutschland zu Beginn der Weimarer Republik oder auch nach dem Zweiten Weltkrieg war. Und auch hier stellt sich wieder die Frage: Sehen die Schulen diesen Auftrag? Haben die Schulen diesen Auftrag angenommen, verinnerlicht? Kommen sie diesem Auftrag – woran man zweifeln darf – ‚genügend gut' nach? Haben die Schulen genug Freiräume, genug Zeit und ausreichend Personal, um die demokratische Grundbildung und die Erziehung zur Verantwortungsbereitschaft mit der notwendigen Sorgfalt erfüllen zu können? Der Druck in den Schulen, der durch die Leistungsorientierung entsteht, ist groß, leicht geraten komplexere Aufgaben wie z. B. die Demokratiebildung in den Hintergrund sowohl bei der Aufmerksamkeit und Sorgfalt, die diesem Aspekt gewidmet wird, als auch bei der Zeit, die dafür zur Verfügung gestellt wird.
Im Folgenden sollen struktur- und prozessqualitativ Möglichkeiten gezeigt werden, wie an jeder Schule – je nach Ressourcenlage etwas vielfältiger oder

etwas reduzierter – die demokratische Grundbildung und die Bereitschaft zur Verantwortungsübernahme gestärkt werden können. Die mit Demokratie und Verantwortungsbereitschaft verbundenen Werte (Toleranz, Solidarität, Fairness etc.) und Kompetenzen (z. B. Dialog- und Diskursfähigkeit, Meinungsbildungskompetenz) sind vielfältig und erfordern schulischerseits viel Aufmerksamkeit, nach Möglichkeit einen klaren Konsens im Kollegium und – um effektiv und nachhaltig zu sein – gut durchdachte Konzeptionen.

Wie kann eine demokratische Grundbildung überhaupt funktionieren? Auch an dieser Stelle sei darauf hingewiesen, dass der Wertediskurs im Fachunterricht zwar wichtig – dazu später mehr – aber bei Weitem nicht ausreichend ist. Demokratische Grundformen müssen in der Schule dauerhaft und stabil erlebt und entsprechende Kompetenzen wiederholt eingeübt werden können. Nun ist es durchaus so, dass die Schule als eine soziale Gemeinschaft immer auf ein soziales Miteinander angewiesen ist. Das ist allerdings institutionsbedingt zunächst vom Machtgefälle zwischen Lehrer*innen und Schüler*innen und von der damit verbundenen Hierarchie bestimmt und steht damit dem Anliegen des Demokratieerlebens im Wege. Insofern ist die Demokratiebildung alles andere als ein Selbstläufer an einer Schule.

Ist in einem Kollegium ein breites Bewusstsein für die Demokratiebildung vorhanden, lassen sich strukturell eine ganze Reihe von Schritten tun. Der Klassenrat – möglichst regelmäßig (z. B. im Rahmen einer wöchentlichen Klassenlehrer*innenstunde) – schafft die Gelegenheit, Dinge, die ohnehin in jeder Klasse anstehen, die ansonsten irgendwie schlecht und recht miterledigt werden, stattdessen mit Sorgfalt und Ruhe anzugehen. Im Klassenrat kann das große Wort Demokratie in kleinere Münzen getauscht und altersgerecht für Schüler*innen praktikabel gemacht werden. Ausgangspunkt sind in der Regel reale Anlässe (eine anstehende Entscheidung z. B. über eine bevorstehende Klassenfahrt) oder Probleme in der Klasse (Unzufriedenheit mit der Sitzordnung, Konflikte zwischen Schüler*innen etc.). So lernen die Schüler*innen in einem ersten Schritt, über Probleme zu reden, hören die Sichtweise (und spüren evtl. die Betroffenheit) der anderen, lernen, sich in diese ein Stück weit hineinzuversetzen (Empathie). Berechtigte Ansprüche von anderen müssen – auch wenn einem das nicht gefällt – hingenommen werden (Toleranz), während in anderen Fällen sich möglicherweise im Dialog Kompromisse (Interessenausgleich) ergeben. Anderes wird per Abstimmung und Mehrheitsentscheidung nach vorausgegangener Diskussion und einem entsprechenden Beschlussvorschlag beschlossen, dem man sich dann zu fügen hat. Hier kann man lernen, dass man beim Thema bleibt, Konflikte nicht miteinander vermengt oder vielleicht tatsächlich auch einmal eine Paketlösung konstruiert, die einen breiten Ausgleich herstellt. Nebenbei lernen die Schüler*innen – nach Möglichkeit von wachsamen Lehrer*innen dabei unterstützt – ihre Bedürfnisse zu artikulieren und zu argumentieren, wobei die

Schlüssigkeit von Argumenten, die Korrektheit und das Streben nach Wahrheit Prüfsteine sein sollen.
Der Klassenrat stellt im Kern das dar, was auf der größeren Schulebene eine Schüler*innenvollversammlung oder auch ein Schüler*innenparlament sein können. Wichtig ist, dass dies Veranstaltungen der Schüler*innen (verantwortet durch die gewählten Schüler*innenvertretung) sein müssen. Und wichtig ist auch, dass ein Schüler*innenparlament auch innerhalb der Schule Mitgestaltungs- und Mitentscheidungsspielräume hat, weil es sonst zu einer Art Sandkastenspiel verkommt. Das bedeutet im Vorfeld einen stetigen und transparenten Austausch der Schüler*innenvertretung mit der Schulleitung und den Lehrer*innen. Die Vertreter*innen der Schüler*innen müssen wissen, welche Entscheidungen in der Schule gerade anstehen (Schulgestaltung, Schuljahresplanung, Schulentwicklung, Schulpartnerschaften, Instandhaltung, Baumaßnahmen), um sich mit diesen Themen befassen und Stellung beziehen zu können. Andererseits müssen die Schüler*innen auch Anträge an die Schulleitung stellen können, was aber nur Sinn macht, wenn eine grundsätzliche Bereitschaft besteht, diese wenn irgend möglich nicht nur ernsthaft zu prüfen, sondern – ggf. etwas modifiziert – in die Praxis umzusetzen.
Hilfreich in diesem Zusammenhang kann es in mehrfacher Hinsicht sein, die gewählten Sprecher*innen der Schüler*innen zu relevanten Tagesordnungspunkten in die Konferenz der Lehrer*innen einzuladen. Dort können sie nicht nur gehört werden und selbst zur Sache sprechen und Anliegen oder Sichtweisen der Schüler*innenseite vortragen, sondern sie sehen und erleben, wie zur Sache gesprochen wird, wie eine Sitzung geleitet wird, wie eine Rednerliste abgearbeitet und schließlich ein Beschlussantrag formuliert und möglicherweise verändert wird und schlussendlich abgestimmt wird. Das sind hervorragende und sehr anschauliche Lernelemente, die die Sprecher*innen dann in der Gremienarbeit der Schüler*innen einsetzen und zur Anwendung bringen können. Es ist nicht verständlich, warum Schulen von dieser hervorragenden Möglichkeit (sie schafft zudem eine große Transparenz der Arbeit der Lehrer*innen und damit auch viel Akzeptanz) so wenig Gebrauch machen.
Es gibt zahlreiche Möglichkeiten, an einer Schule Gelegenheiten zu schaffen, in denen Schüler*innen in authentischen sozialen Lernsituationen echte Verantwortung übernehmen können. Praktika, insbesondere mit Schwerpunkten im sozialen Bereich sind hervorragende Gelegenheiten, außerhalb der Schule eine verantwortliche Rolle wahrzunehmen. Sie sind auch gute Gelegenheiten der Selbsterkundung und des Kennenlernens der Arbeitswelt und von Berufsprofilen. Weitere Gelegenheiten, das verantwortliche Agieren der Schüler*innen zu stärken, sind außerschulische Projekte (Projekttage, vor allem auch Großprojekte wie „Schule als Staat“). Auch in die Aktivitäten der SMV sind in der Regel viele Schüler*innen eingebunden. Eine SMV, die das Vertrauen der Schule genießt und nicht nur Freiräume, sondern auch materielle und logisti-

Großprojekt ‚Schule als Staat'

‚Schule als Staat' ist ein die ganze Schule einbeziehendes Rollenspiel, das mit einem Vorlauf von mindestens einem Jahr in seiner aktuellen Phase über einige Tage gespielt wird. Alle staatlichen Institutionen, Wirtschaftsbetriebe, kulturelle Einrichtungen etc. werden abgebildet. ‚Schule als Staat' ist für die Beteiligten Schüler*innen nicht nur mit viel Planungs- und Organisationsaufwand verbunden, sondern schafft vertiefte Einblicke in das Funktionieren eines Staatswesens.

sche Unterstützung durch die Schulleitung hat, wird nicht nur eine eigene Gremienstruktur entfalten, sondern zahlreiche Aktivitäten planen und umsetzen (Sportturniere, Sponsorenläufe, Basare etc.), bei denen sich zahlreiche Schüler*innen engagieren (und teilweise in beeindruckender Weise über sich hinauswachsen). Viele Schulen arbeiten in unterschiedlichen Bereichen auch mit Mentor*innen. Das bedeutet, das etwas ältere Schüler*innen in unterschiedlichen Bereichen Verantwortung für jüngere Schüler*innen übernehmen. Das kann in der Hausaufgabenbetreuung sein, in einer Mathewerkstatt (einem Stützangebot in Mathematik), im Sport, im Musik-, Theater- oder im Umweltbereich. In der Tat spielen für die demokratische Grundbildung und im Hinblick auf die Bereitschaft zur Verantwortungsübernahme die strukturqualitativen Aspekte eine große Rolle. Allerdings sind prozessqualitative Aspekte, wie wir sie in den Unterkapiteln zur Beziehungskultur und zur Fehlerkultur kennengelernt haben, sozusagen eine notwendige Voraussetzung.

<table>
<tr><th colspan="2">Demokratie/Verantwortung</th></tr>
<tr><td colspan="2">Ziele: Demokratiebewusstsein, Verantwortungsbereitschaft, Toleranz, Fairness, Solidarität, Wahrheitsbewusstsein;
Reflexionsfähigkeit, Kompromissfähigkeit, Zuhörenkönnen, Dialog- und Diskursfähigkeit, Umsicht, vorausschauendes Denken, Empathie, Urteilsfähigkeit, Kritikfähigkeit, Gründlichkeit, Recherche- und Informationskompetenz, Meinungsbildungskompetenz, Faktenwissen</td></tr>
<tr><td>Strukturqualitative Aspekte</td><td>Prozessqualitative Aspekte</td></tr>
<tr><td>• Klassenrat
• Schüler*innenvollversammlung
• Schüler*innenparlament
• Materielle und logistische Unterstützung der Schüler*innenvertretung
• Debattenkultur und entsprechende Formate (z. B. Debating Club)
• (Sozial-)Praktika
• Projekttage</td><td>• Transparent sein
• Vertrauen in die Schüler*innen haben und ihnen etwas zutrauen
• Experimentieren lassen
• Fehlertoleranz zeigen
• Zu Aktivitäten (z. B. in der Schüler*innenvertretung oder als Mentor*innen) und Projekten ermuntern
• Gelegenheiten zur Verantwortungsübernahme schaffen und dabei unterstützen</td></tr>
</table>

• Projekte/Aktionen (z. B. Podiumsdiskussionen) • Schüler*innenmentor*innen • Mitwirkung der Schüler*innen am Schulprogramm und an der Schulgestaltung • Bedeutung der Gesamtkonferenz als demokratisches Organ an Schulen nutzen • Gesamtkonferenz partiell für Vertreter*innen der Schüler*innen öffnen • Mitwirkung bei der Unterrichtsplanung und Mitbestimmungsmöglichkeiten über Teile des Unterrichtsstoffs • Etc.	• Flexibel und spontan Lerngelegenheiten nutzen • Sich auf Diskurse einlassen • Kompromisse suchen, für Kompromisse werben • Meinungen hinterfragen und bei der Meinungsbildung unterstützen • Etc.

b) **Frieden und Sicherheit.** In Frieden miteinander zu leben – im Großen und im Kleinen – ist ein Menschheitstraum. Über viele Jahre glaubte man sich – nicht ganz zu unrecht – diesem Traum näher gekommen zu sein. Die Zunahme der Demokratien weltweit nach dem zweiten Weltkrieg und auch der empirisch recht gut belegte Befund, dass Demokratien untereinander keine Kriege führen, gaben Anlass zur Hoffnung. Nun erleben wir aber die Erosion von Demokratien mitten in Europa, das Erstarken zunehmend autokratischer Regime überall auf der Welt. Der Frieden und die weltweite Sicherheit scheinen zunehmend bedroht. Allerorten wird wieder massiv aufgerüstet.

Gleichzeitig sind Verhaltensmuster (angeben, drohen, Fake News verbreiten, Tatsachen ignorieren, Gewalt anwenden etc.), die auf der großen Bühne gezeigt werden, auch in den Schulen, in denen ja auch vielfältigste Gegensätze (sozial, kulturell etc.) aufeinanderprallen, wirksam. Die Schule – ein Kosmos im Kleinen – ist, so gesehen, der ideale Ort, Frieden im (scheinbar) Kleinen einzuüben und Strategien der Konfliktlösung und Konfliktbewältigung authentisch zu erlernen und damit zur Befriedung beizutragen. Die Ausführungen zur Beziehungskultur und zur Demokratie in den vorangehenden Unterkapiteln, die Haltungen und Kompetenzen, die im Bemühen um gute Beziehungen und um Demokratie wichtig sind, sind es auch zu einem großen Teil im Zusammenhang mit Frieden und Sicherheit. Es gibt zahlreich Synergieeffekte.

Auch wenn es um das friedliche Miteinander und die Aufrechterhaltung von Frieden und Sicherheit im kleinen Kosmos der Schule geht und damit die größtmögliche Freiheit und vor allem die Würde aller Beteiligten gewahrt wird, kann eine Schule strukturell einiges beitragen.

Hilfreich ist ein klares Regelwerk der Schule, das ohne kleinschrittig zu sein und ohne allzu viele Verbote doch in zentralen Bereichen klare Grenzen zieht. Das kann sowohl im Leitbild (als Rahmen) als auch konkretisierend in der Schul- und Hausordnung zum Ausdruck gebracht werden. Ein klares Bekennt-

nis zur Toleranz, aber auch zu Grenzen der Toleranz (sog. Toleranzparadoxon: Keine Toleranz gegenüber Missachtung der Grundwerte und gegenüber von Intoleranz) sollten ausgesprochen sein. Das bedeutet für die schulische Praxis, dass Grenzverletzungen keinesfalls unter den Tisch gekehrt werden dürfen, sondern dass in der Regel ein intensiver Gesprächsprozess begonnen werden muss, ggf. begleitet von schulischen Ordnungsmaßnahmen. Für diese (und im Grunde für alle Konflikt-) Gespräche sollte es Standards geben: Klarheit in der Sache, Offenheit im Hinblick auf den Ausgang, Wahrung der Würde des Gegenübers im Gespräch, Beteiligung des Gegenübers an der Suche nach Lösungen, Verzicht auf vorschnelle Lösungen und auf Überredung etc.
Formate des (öffentlichen) Debattierens, bei dem ebenfalls gewisse Standards einzuhalten sind (z. B. der Bezug auf überprüfbare Fakten) und der Klassenrat sind – wie schon unter dem Aspekt der Demokratiebildung auch im Kontext von Friedensbildung hilfreich.
Von besonderer Bedeutung an einer Schule sind auch ihre internationalen Kontakte. Die Teilnahme an Austauschbeziehungen oder internationalen Projekten – sowohl real als auch virtuell – erweitert den Horizont und trägt zur Anbahnung von Völkerverständigung durch eigene Erfahrungen bei.
Die Arbeit der Lehrer*innen einer Schule wird im Idealfall von einem*r Schulsozialarbeiter*in unterstützt. Insbesondere in Schulen mit Ganztagsangeboten ist Schulsozialarbeit unerlässlich. Bei der Schulsozialarbeit – aber das ist nicht zwingend – könnten auch Kurse zum Umgang mit Aggressionen oder zur Vermittlung von Selbstregulationskompetenz angesiedelt werden.
Aber auch wenn es um das friedliche Miteinander an einer Schule geht, spielen die prozessqualitativen Aspekte eine zentrale Rolle – im Idealfall unterstützt durch die eben beschriebenen Strukturen. Die prozessqualitativen Aspekte sind eine Herausforderung an jede*n Lehrer*in (oder Schulsozialarbeiter*in). Sie erfordern nicht nur eine ständige Wachsamkeit und den Entschluss, Dinge nicht auf sich beruhen zu lassen (nicht wegzusehen), sondern als Gelegenheiten des (sozialen) Lernens zu sehen. Sie erfordern die Bereitschaft, sich Zeit zu nehmen (auch wenn man meint, gerade keine Zeit zu haben). Und sie erfordern die Kunst, auch kritische Gespräche nach Möglichkeit auf Augenhöhe zu führen und das Vertrauen, dass die Beteiligten zu konstruktiven Lösungen beitragen können.

Frieden	
Ziele: Freiheit, Gerechtigkeit, Respekt vor der Freiheit der anderen, Achtsamkeit, Fairness, Toleranz, Friedfertigkeit, Gewaltlosigkeit; Empathie, Konfliktfähigkeit, Kompromissfähigkeit, Dialogfähigkeit, Selbstregulationsfähigkeit (im Hinblick auf eigene Emotionen z. B. Aggression)	
Strukturqualitative Aspekte	**Prozessqualitative Aspekte**
• Klare Regeln (mit Toleranzgrenze!) • Leitbild bzw. Ehrenkodex für die Schule und den Umgang miteinander • Standards und evtl. Ablaufstrukturen für Konfliktgespräche • Ausbildung von Streitschlichter*innen • Debattenkultur • Klassenrat • Schulsozialarbeit • Angebote zur Selbstregulation • Interkulturelle Angebote, Austauschprogramme • Fair Trade-Produkte an der Schule • Etc.	• Achtsam sein, Konflikte und Befindlichkeiten wahrnehmen und ansprechen • Sensibilisieren • Gespräche führen • Deeskalieren • Nicht bloßstellen, nicht beschämen • Versöhnen • Gerecht sein • Verhandeln, ausgleichen • Etc.

c) **Umwelt/Klima.** Im Handlungsfeld Umwelt und Klima geht es um weitreichende Fragen. Für viele Jugendliche ist der Klimawandel das Thema mit der höchsten Priorität. Aus nachvollziehbaren Gründen, geht es doch um die Frage des Lebens in der Zukunft. In der Tat steht unglaublich viel auf dem Spiel (es droht der Anstieg der Meere, eine Verschiebung der Klima- und damit Vegetationszonen. Wasserknappheit auf der einen Seite, Flutkatastrophen wegen Veränderungen der Großwetterlagen auf der anderen Seite werden – so die Vorhersagen – gehäuft auftreten. Hunger wird sich wegen des Rückgangs der Anbauflächen und der Erträge ausbreiten. Die Artenvielfalt schrumpft mit noch nicht absehbaren Folgen. Weitere sekundäre Folgen – neue Kriege, Flüchtlingswellen – zeichnen sich ab).

Die Versuchung ist groß, Handlungsfelder (Klima ist wichtiger als Demokratie) – und damit teilweise auch Werte – gegeneinander auszuspielen. In der Tat verliert die Demokratie zur Zeit an Vertrauen (nicht nur von rechts) und es etablieren sich neue Formen des politischen Ausdrucks mit Tendenzen, Handeln abseits des normalen demokratischen Prozederes zu erzwingen – insbesondere bei jugendlichen Klimaaktivisten.

Die große Gefahr bei der Umwelt- und Klimabildung an der Schule ist, dass sie bei einem nicht unerheblichen Teil der Schüler*innen u. U. nicht entsprechend der Intentionen wirkt, insbesondere, wenn die Umwelt- und Klimabildung halbherzig und wenig authentisch angegangen wird. Häufiges, aber unentschlossenes Thematisieren kann zu Ermüdungseffekten bei den Schüler*innen führen. Besser ist es, wenn die Schule einen klaren Plan hat, auf den unterschiedlichen Ebenen mit gutem Beispiel vorangeht und sich ihre Haltung und ihre Bemühungen auch etwas kosten lässt.

So sollte eine Schule – zusammen mit dem Schulträger – alles daransetzen, als Schule selbst so gut es geht klimaneutral zu werden. Es ist hier nicht der Ort, die technischen Möglichkeiten (Isolierung, Wärmerückgewinnung, Photovoltaik, Reduzierung des Stromverbrauchs, intelligente Heizung etc.) aufzulisten, die je nach Standort und Gebäude völlig unterschiedlich sein können. Wichtig ist, dass die Schule tut, was sie tun kann (auch hier gilt die Frage: Ist, was wir machen, schon genügend gut?). Auch weitere Maßnahmen – und die Authentizität ergibt sich aus dem Zusammenspiel aller Dimensionen des Handlungsfeldes – im Sinne von ganzheitlicher Nachhaltigkeit sind wichtig: Welche Materialien und Produkte werden an der Schule eingesetzt (von den Möbeln bis zum Pausenverkauf)? Wird Müll konsequent vermieden und der anfallende Müll getrennt?

Aber eine Schule kann noch mehr tun: Zur Bewusstseinsbildung im Hinblick auf Nachhaltigkeit können immer wieder (denn die Schülergenerationen wechseln in relativ kurzen Zeitabständen) Projekte und Aktionen durchgeführt werden. Hier gibt es Vieles, was Sinn macht und durchaus nachhaltig sein kann: Es können Patenschaften für Umweltprojekte irgendwo auf der Welt (Aufforstungsmaßnahmen in Afrika oder Südamerika) übernommen werden und die Schule kann über Aktionen (Bazare, Sponsorenläufe etc.) zur dauerhaften Finanzierung beitragen. Es kann Baumpflanzaktionen (zum Beispiel zum Erhalt von Streuobstwiesen, die für die Artenvielfalt von Bedeutung sind) geben.

Es lohnt sich, an der Schule immer wieder bereits in den frühen Sek I-Klassen Umweltmentor*innen auszubilden. Diese können von einzelnen Klassen angefordert werden oder auf eigene Initiative durch die Klassen (oder sogar an andere Schulen) gehen oder schulinterne Kurse/Seminare anbieten.

Insgesamt zeigt sich, dass es im Handlungsfeld Umwelt/Klima eine ganze Reihe von Möglichkeiten gibt, sich als Schule strukturell gut aufzustellen. Wenn diese strukturellen Maßnahmen von den Lehrer*innen mit einem breiten Konsens nicht nur getragen, sondern unterstützt werden, wenn die Lehrer*innen ihrerseits selbst mit gutem Beispiel vorangehen, wachsam sind und sich bietende Gelegenheiten nutzen, entsteht ein schlüssiges (entschlossenes!) und vermutlich durchaus wirksames Gesamtbild, das in geeigneten Formen (Presseberichterstattung, vielleicht sogar ein Gastkommentar in einer Zeitung, oder gar eine Reprotage im Fernsehen etc.) auch nach außen getragen werden kann.

<table>
<tr><th colspan="2">Umwelt/Klima</th></tr>
<tr><td colspan="2">Ziele: Klimagerechtigkeit, Umweltbewusstsein, Verantwortungsbewusstsein, Achtsamkeit, Fairness;
Umsicht, vorausschauendes Denken, Empathie, nachhaltiges Denken</td></tr>
<tr><td>Strukturqualitative Aspekte</td><td>Prozessqualitative Aspekte</td></tr>
<tr><td>• Klimaneutralität der Schule so weit machbar (durch die vor Ort angezeigten Maßnahmen)
• Verwendung nachhaltiger Produkte und Materialien
• Fair Trade-Produkte in der Schule (Mensa, Pausenverkauf etc.)
• Projekte (Aktionen [z. B. Baumpflanzaktionen], Ausstellungen, Podiumsdiskussionen, Theater etc.) zu Umwelt, Tierwohl und Artenschutz zur Aufklärung und Bewusstseinsbildung
• Müllvermeidung und Mülltrennung in der Schule und begleitende Aktionen
• Umweltmentor*innen ausbilden und an der Schule (oder in benachbarten Schulen) einsetzen
• Vernetzung mit internationalen Projekten oder Partnern
• Etc.</td><td>• Achtsam sein
• Sensibilisieren
• Gelegenheiten für Gespräche und Aktionen nutzen
• Vorbildlich, authentisch sein
• Etc.</td></tr>
</table>

7.3.4 Der Wertediskurs im Fachunterricht

Auf dem Hintergrund einer Schulkultur, in der Wertschätzung eine tägliche Erfahrung aller Schüler*innen ist, wird die Wertebildung und der Wertediskurs im Fachunterricht nicht marginalisiert, sondern gewinnt an Bedeutung und vor allem an Effektivität. Die acht dargestellten Handlungsfelder sind – wenn sie an einer Schule ausgeprägt gelebt werden – der Nährboden, auf dem Diskurse glaubhaft und überzeugend stattfinden können. Dabei – sonst wäre eine Fehlerkultur unnötig – geht es nicht um eine fehlerfreie oder perfekte Schule. Auch der Umgang mit Versäumnissen oder Verletzungen ist ein wichtiges Lernfeld.

Im Folgenden soll nun die Bedeutung des Wertediskurses herausgearbeitet werden.

Unter Wertediskurs im Fachunterricht verstehen wir zunächst die Wertebildung, die im Zusammenhang der Behandlung von Themenfeldern, die der Bildungsplan vorsieht, stattfindet. Insbesondere geht es dabei um die drei Themenkomplexe (1) Demokratie, (2) Frieden und Sicherheit und (3) Umwelt und Klima, die im Politik- und/oder auch Geografieunterricht angesiedelt sind.

Ethische Fragen – und somit Wertebildung – tauchen allerdings auch in anderen Themenfeldern (Wirtschaft, Konsum, Gesundheit, Ernährung, kulturelle Vielfalt etc.) auf und sind schwerpunktmäßig anderen Fächern zugeordnet oder auch als Querschnittsthemen, z. B. als sog. Leitperspektiven, definiert.

Beispielhaft wollen wir auf einige Aspekte des Wertediskurses im Unterricht eingehen, ohne allerdings in konkreter Weise fachliche Aspekte zu vertiefen, eine Unterrichtsanleitung zu geben oder gar einen Unterrichtsentwurf vorzuschlagen. Das bleibt – entsprechend des Alters und der Situation in der Klasse – die Aufgabe der Fachlehrer*innen. Die aufgeführten Aspekte sollen dazu beitragen, dass auch der Fachunterricht gewissen Standards der Werteorientierung gerecht wird und mit hoher Akzeptanz und möglichst wirkungsvoll stattfinden kann.

a) Beachtenswertes beim Wertediskurs zur Vorbereitung einer Unterrichtseinheit z. B. zur Demokratie im Politikunterricht

- *Ausgangslagen und Interessen der Schüler*innen kennen bzw. erkunden und berücksichtigen*

Dass die Schüler*innen einer durchschnittlichen Klasse im Hinblick auf die Demokratie (demokratische Institutionen und Prozesse) unterschiedliche Ausgangslagen haben, ist nicht anders zu erwarten. Die Prägung durch das Elternhaus, Informationen aus den Medien und in der Peergroup umgehende Ansichten dürften zu einer uneinheitlichen Ausgangslage beitragen. Kennt man diese unterschiedlichen Ausgangslagen und Sichtweisen auf das Thema, kann man sie durchaus gewinnbringend nutzen. Sie zu erkunden, zeigt den Schüler*innen auch das Interesse der Lehrkraft an ihren Meinungen.

Die Ausgangslage kann man erkunden über Aufstellungen anhand einiger Fragen (was den Vorteil hat, dass die Ergebnisse – und vor allem evtl. Gegensätze – sofort für alle sichtbar sind) oder über das Ausfüllen von Fragebögen. Auf jeden Fall ist es angebracht, sich für die Teilnahme und Offenheit zu bedanken. Wertungen sind in dieser Phase deplatziert.

- *Anfangsmotivation schaffen/Interesse wecken*

Die Erkundung der Ausgangslagen, das Interesse an der Meinung und am Vorwissen der Schüler*innen kann bereits zu einer Anfangsmotivation beitragen. Hilfreich ist es, in dieser Phase das Thema kurz zu umreißen (Transparenz), mögliche Ziele zu nennen und vor allem nach dem zu fragen, was denn die Schüler*innen an diesem Thema interessieren würde, was sie von der Unterrichtseinheit erwarten (im Übrigen sollte man – worauf Hattie eindrücklich hinweist – jede Unterrichtseinheit auch mit der Frage nach dem persönlichen Ertrag für die Schüler*innen beenden). Natürlich kann man auch aktuelle Bezüge herstellen (bevorstehende Wahlen, die sich abzeichnende Volljährigkeit und damit politische Mündigkeit etc.). Man kann auch als Lehrer*in aus seiner eigenen Geschichte mit diesem Thema erzählen.

- *Grundlagen- und Hintergrundwissen aufbauen*

Im Kontext von Demokratie hat solides Grundlagenwissen eine praktische Bedeutung. Wissen kann unmittelbare Kompetenz bedeuten (z. B. bei der Konfrontation mit politischen Informationen in den Sozialen Medien, im Fernsehen etc.). Vertieftes, solides Wissen hilft, eine eigene Meinung zu bilden und urteilen zu können.

- *Historische und philosophische Hintergründe zugänglich machen*

Die demokratische Verfassung der Bundesrepublik Deutschland ist nicht vom Himmel gefallen, sondern aus historischen Erfahrungen (Nazi-Diktatur) heraus in einem ganz bestimmten Moment entstanden. Eingeflossen sind Erkenntnisse, wie sie sich im Laufe der Menschheitsgeschichte herausgebildet haben und insbesondere seit der Aufklärung akzentuiert wurden: Freiheit, Gerechtigkeit, Gleichheit. Errungenschaften sind keineswegs für immer garantiert. Sie müssen am Leben gehalten, vermutlich sogar weiterentwickelt werden. Eine wichtige Frage dabei ist, vor welchen Herausforderungen die Demokratie im Zeitalter der Digitalisierung steht.

- *Recherche- und Informationskompetenz aufbauen*

Der demokratische Prozess, sich demokratisch zu verhalten, sich eine fundierte Meinung zu bilden, um wirklich politisch mündig zu sein, erfordert die Kompetenz, sorgfältig recherchieren und sich verlässliche Informationen beschaffen zu können. Je mehr Hintergrundwissen, desto geringer ist die Gefahr, auf Fake News hereinzufallen. Je mehr Grund- und Hintergrundwissen, desto gezielter und kompetenter kann man die richtigen Fragen stellen und das Internet als Informationsquelle nutzen (digitale Kompetenz).

- *Ggf. flexibel und spontan sein*

Im Unterricht werden kritische Fragen, Verständnisprobleme, vielleicht auch Provokationen auftauchen, die es sehr ernst zu nehmen gilt. Wichtig ist, sich möglichst umgehend darauf einzustellen oder die Klärung nach Möglichkeit auf die nächste Stunde anzusetzen (mit der Bitte, sich doch vorbereitend schon einmal zu informieren, was man auch als Lehrer*in zu tun verspricht).

- *Weiten Blick haben, alternative Modelle diskutieren*

Wir sagten schon, die Demokratie sei nicht vom Himmel gefallen. An anderen Orten und zu anderen Zeiten sind unterschiedliche Modelle entstanden. Die eine oder die perfekte Demokratie gibt es nicht. Unterschiedliche Modelle im

Hinblick auf ihre Stärken und Schwächen zu analysieren, macht durchaus Sinn.

- *Klarheit bei den elementaren Grundsätzen, Offenheit in der Ausgestaltung*

Während es gute Gründe gibt, an den demokratischen Grundwerten festzuhalten (und klarzumachen, dass es hier keine Toleranz gibt), ist die Infragestellung einer konkreten demokratischen Verfassung erlaubt und macht es Sinn, über die Vor- und Nachteile unterschiedlicher demokratischer Modelle zu diskutieren. Über Weiterentwicklungen nachzudenken, lohnt sich.

- *Argumentationskompetenz und kritisches Denken einüben*

Mit der grundsätzlichen Offenheit, mit dem Abwägen von Vor- und Nachteilen ist man mitten im Argumentieren. Das schärft auch die Fähigkeit zum kritischen Denken – selbst dann, wenn ein*e Schüler*in sich in den Diskurs nicht selbst einbringt, sondern ihn nur aufmerksam verfolgt.

- *Methodische Kompetenzen erlernen und üben*

Natürlich ist es von großem Nutzen, wenn die Schüler*innen lernen, Statistiken zu lesen, Schaubilder und Diagramme zu interpretieren. Eine Vorstellung von exponentiellem Wachstum zu haben, ist in vielfacher Hinsicht unerlässlich.

- *Anreicherung durch Öffnung (Einladung von Abgeordneten oder Interessenvertretern; oder Besuch von Institutionen, z. B. eines Landtags)*

Ergänzend, den Diskurs erweiternd, das Hintergrundwissen vertiefend und die ansonsten oft abstrakte Demokratie etwas greifbarer machend wirkt, wenn man politische Akteure (z. B. einen Abgeordneten – egal ob vom Gemeinderat oder aus dem Bundestag; oder sonstige politische Akteure) in den Unterricht einlädt oder sie vor Ort – z. B. im Landtag – besucht.

- *Vernetzt und fächerübergreifend arbeiten*

Gut ist es, wenn die Wertebildung, in unserem konkreten Fall die Demokratiebildung, nicht nur durch die Schulkultur (z. B. durch die demokratische Arbeit der SMV, durch das Projekt ‚Schule als Staat' s. Kasten oben) flankiert wird, sondern wenn sich die Politik- und Geschichte-Lehrkräfte absprechen und zeitnah je nach Fach unterschiedliche Facetten des Themas (Demokratie) herausarbeiten. Das erhöht das Hintergrundwissen und schafft Synergieeffekte.

- *Trennung von Lernen und Bewerten*

Manche Lehrer*innen trennen grundsätzlich zwischen Lernen und Bewerten. Auf jeden Fall sollte man aber zwischen Lernen und Bewerten trennen, wenn es z. B. im Rahmen der Unterrichtseinheit Demokratie um Meinungsbildung und Wertebildung geht.

- *Nach Möglichkeit Grundsätze von Deeper Learning beachten*

Um das Lernen möglichst jugendgerecht und nachhaltig zu machen, empfiehlt es, sich an zentralen Abläufen und Grundsätzen von Deeper Learning zu orientieren. Idealer Weise besteht eine Deeper Learning Unterrichtseinheit (vgl. Sliwka 2022) aus drei Phasen: (1) der Inputphase, (2) der Projektphase und (3) der Phase der Produktpräsentation.

(1) Inputphase: Klärung der Ausgangslage, Motivation, wichtige inhaltliche Grundlagen, auf deren Basis die Schüler*innen in Phase zwei arbeiten können.

(2) Projektphase: Projektmethode; wichtige Elemente dabei:
  - Gelegenheit geben für Voice and Choice (Schüler*innen setzen inhaltlich und methodisch eigene Schwerpunkte, erfahren Autonomie)
  - Lebens(welt)bezüge (Authentizität)
  - Ko-Konstruktion und Ko-Kreation
  - Digitale Erweiterung
  - Feedback und Scaffolfing je nach Bedarf
  - Rollenerweiterung bei den Lehrkräften/adaptive Expertise
  - Produktorientierung in der Projektphase

(3) Phase der Produktpräsentation: In unserem Beispiel könnten mögliche Produkte sein: der Entwurf einer alternativen demokratischen Verfassung. Eine Podiumsdiskussion über Vor- und Nachteile unterschiedlicher demokratischer Systeme. Wie die Menschenwürde mit der Demokratie zusammenhängt. Etc. Interessant und durchaus im Sinne von Deeper Learning ist, wenn das Produkt einer Projektgruppe in einem bedeutenden Rahmen vorgetragen wird, z. B. bei einem Elternabend oder in der Parallelklasse oder als Ausstellung in der Schule.

Was hier am Beispiel des Themas Demokratie skizziert wurde, lässt sich natürlich unschwer auch auf andere Themenfelder (Frieden und Sicherheit, Umwelt und Klima, Sozialstaatlichkeit etc.) in ähnlicher Weise übertragen.

b) **Gelegenheiten der Wertebildung in den unterschiedlichen Fächern nutzen.** Der Wertediskurs an einer Schule findet allerdings idealer Weise auch außerhalb sorgfältig geplanter Unterrichtseinheiten mehr oder weniger beiläufig statt. Vermutlich kommt diesen ungeplanten Ereignissen eine enorme Bedeutung zu, was allerdings im Umkehrschluss bedeutet, dass nicht wahrgenommene Gelegenheiten auch in fataler Weise nicht genutzte Chancen sein können. Die Bedeutung solch ungeplanter Thematisierungen von werterelevanten oder wertekritischen Fragen (Gendergerechtigkeit, Diversität, Arm/Reich, Populismus, Ernährung, Tierwohl, Mobilität, Sterbehilfe etc.) liegt ja gerade darin, dass es meistens die Schüler*innen sind, die die Thematik auf die Agenda setzen, und dass die Lehrer*innen, wenn sie den Ball spontan aufgreifen (können), sehr authentisch sind.

Den Ball aufgreifen, kann auch heißen, sich in einer Folgestunde gezielt Zeit für das angesprochene Thema zu nehmen. Das sollte an einer Schule, die sich die Wertebildung auf die Agenda gesetzt hat, Standard sein. Von dieser Form des Wertediskurses ist kein Fach ausgeschlossen. So kann es im Sportunterricht um die Frage gehen, was angesichts unterschiedlicher Ausgangslagen der Schüler*innen (unterschiedliche Konstitution) und damit zwangsläufig unterschiedlicher Leistungen gerechte Noten sein könnten. Oder eine WM wird in einem autokratischen Staat ausgetragen, der die Menschenrechte nicht einhält. Soll man als Funktionär*in die Durchführung befürworten, soll man als Sportler*in teilnehmen? In Biologie tauchen früher oder später ethisch hoch interessante Fragen im Zusammenhang der Gentechnik auf. Im Ethik-Unterricht selbst wird z. B. die Frage nach dem selbstbestimmten Sterben gestellt. Und im Deutsch-Unterricht mag plötzlich anlässlich einer Lektüre die Frage im Raum stehen, wie man mit Geflüchteten umgehen soll. Natürlich sind die Schüler*innen in solchen Fällen an der persönlichen Meinung der Lehrkraft interessiert und es ist ihr gutes Recht, diese – mit guten Argumenten versehen – auch kennenzulernen. Wie aber schon in Kapitel 5 ausgeführt, kommt es darauf an, hier der Pluralität der Meinungen Rechnung zu tragen und die Schüler*innen in den Dialog und den Meinungsbildungsprozess unter der Berücksichtigung der Grundwerte sozusagen als Kriterien (es ist auch ein Wertebildungsprozess) mit hineinzunehmen, aber nicht zu ‚überwältigen'.

c) **Die Bedeutung des Wertediskurses für die Wertebildung.** Wertediskurse im Unterricht erweitern den Horizont der Schüler*innen. Sie tragen dazu bei, dass Schüler*innen sich ihrer eigenen Werte gewiss werden und diesbezüglich auch sprachfähig werden. Was sie artikulieren können, wofür sie argumentiert haben, können sie bewusst auch zu ihrem Eigenen machen, als ihr Eigenes begreifen. Damit legen sie sich selbst fest und festigen so auch ihre Identität. Wie wir bereits in Kapitel 6 ausgeführt haben, werden sie auf diese Weise ihrer Entwicklungsaufgabe als Heranwachsende gerecht. Werden solche Diskurse regelmäßig gepflegt, schärft sich auch das Urteilsvermögen und die Kritikfähigkeit der Schüler*innen. Es ist also von nicht zu unterschätzender Bedeutung, wenn in einer Schule neben einer konsistent erlebten Werteorientierung in den dargestellten Handlungsfeldern auch der Wertediskurs regelmäßig und auf hohem Niveau gepflegt wird.

d) **Die besondere Bedeutung der Prozessqualität beim Wertediskurs.** Einmal mehr zeigt sich, dass es strukturqualitativ eine Reihe gute (Mitbestimmungsmöglichkeiten), und nachhaltiges Lernen begünstigte (Deeper Learning) und vielleicht sogar einige zwingend notwendige (Trennung von Lernen und Bewertung) Ansätze gibt. Gleichwohl ist festzustellen, dass die Wertebildung von selbst werteorientierten Lehrer*innen, die über hohe prozessqualitative Kompetenzen verfügen, abhängig ist. Ihr Agieren im Unterricht macht den Unterschied. Ob sie sich Zeit nehmen, ob sie flexibel sein können, wie sie zuhören können und Meinungsvielfalt zulassen, wie authentisch sei sind, ist am Ende genauso wichtig, wie das Insistieren auf Gründlichkeit und das unbedingte Streben nach Wahrheit.

Damit steht eine Schule – darum soll es im nächsten Kapitel gehen – vor der großen Frage, wie man sowohl der Werteorientierung und der Wertebildung förderliche Strukturen schaffen als auch die Prozessqualität im alltäglichen Agieren der Lehrer*innen voranbringen kann.

<table>
<tr><th colspan="2">Der Wertediskurs im Fachunterricht</th></tr>
<tr><td colspan="2">Ziele: Gerechtigkeit, Freiheit, Gleichheit, Demokratiebewusstsein, Umweltbewusstsein, Friedenfertigkeit, Toleranz;
Diskursfähigkeit, Meinungsbildung, Gründlichkeit, Kritikfähigkeit, Reflexionsfähigkeit, Wertebewusstsein, kritisches Denken, digitale Kompetenz, Mündigkeit, Selbstständigkeit</td></tr>
<tr><td>Strukturqualitative Aspekte</td><td>Prozessqualitative Aspekte</td></tr>
<tr><td>• Mitbestimmungsmöglichkeiten über Unterrichtsschwerpunkte und Themen
• Trennung von Lernen und Bewertung
• Vernetzung der Fächer und fächerübergreifende Absprachen
• Projektmethode (Deeper Learning)
• Etc.</td><td>• Sich Zeit nehmen
• Flexibel sein
• Authentisch sein
• Zuhören können
• Offenheit pflegen, Meinungsvielfalt zulassen
• Position beziehen, aber nicht manipulativ sein
• Sich auf Diskurse einlassen
• Anregungen konstruktiv aufgreifen und weiterverfolgen
• Insistieren, vertiefen
• Unwahrheiten aufdecken, nicht akzeptieren
• Engagiert sein
• Etc.</td></tr>
</table>

7.4 Haltungen und Kompetenzen

Die vorgestellten Handlungsfelder zielen auf Haltungen und Kompetenzen. Aber es gibt keinen Automatismus, der von den Haltungen zur Ausprägung von den Kompetenzen führt. Kompetenzen sind jedoch von großer Bedeutung im Hinblick darauf, dass Haltungen und Überzeugungen im Alltagshandeln, im konkreten Miteinander der Menschen zum Tragen kommen, gelebt werden können und wirksam werden. Insofern begünstigen Haltungen die Entwicklung von Kompetenzen. So wie sich auch Haltungen vermutlich nur über größere Zeiträume und wiederholte prägende Erfahrungen aufbauen (reifen), so bedürfen auch die Kompetenzen der Übung und Wiederholung – im schulischen Kontext an und für sich nichts Neues.

Für die Haltungen und für die Wertebildung ist die konsistente und andauernde Erfahrung einer werteorientierten Umgebung von großer Bedeutung. Sie ist in besonderer Weise von der Prozessqualität an der Schule, also letztlich vom wertebasierten Agieren der Lehrkräfte abhängig.

Für den Aufbau von Kompetenzen sind allerdings entsprechende Strukturen unverzichtbar. Das soll abschließend noch an einigen Beispielen aus den vorgestellten Handlungsfeldern verdeutlicht werden.

Zuhören – ein erstes Beispiel – muss man wollen. Es ist aber auch eine Fähigkeit, die erlernt werden kann und geübt werden muss. Zuhören bedeutet, nicht einfach zuhören, sondern verstehen und aufnehmen können, was der*die andere sagt. Diese Fähigkeit entwickelt sich über längere Zeiträume. Fehleinschätzungen („Das habe ich so nicht gesagt." „Du hast mich nicht richtig verstanden.") gehören unweigerlich dazu. Schließlich bedeutet es, sich dem Gehörten in irgendeiner Weise gegenüber zu verhalten. Zuhören kann in unterschiedlichen Strukturen eingeübt werden. Der Klassenrat (Handlungsfeld Beziehungskultur, Handlungsfeld Demokratie und Handlungsfeld Frieden) ist eine sehr gut geeignete Struktur, aber auch im Fachunterricht kann Zuhören täglich eingeübt werden, wenn die Lehrer*innen dafür sensibilisiert sind und die dafür notwendige Zeit gewähren.

Die Dialogfähigkeit – eine weitere Kompetenz – kann selbstverständlich in unterschiedlichsten Kontexten aufgebaut werden. Je zahlreicher die Kontexte sind, in denen eine bestimmte Kompetenz gefördert wird, desto effektiver und nachhaltiger kann sie angeeignet werden. Die Dialogfähigkeit (auch die Fähigkeit, Konflikte zu lösen) kann z. B. in der Struktur von Streitschlichter*innenprogrammen (Handlungsfeld Frieden) oder wenn Schüler*innen als Mentor*innen eingesetzt werden, erlernt werden.

Die folgende Übersicht zeigt einige weitere Beispiele:

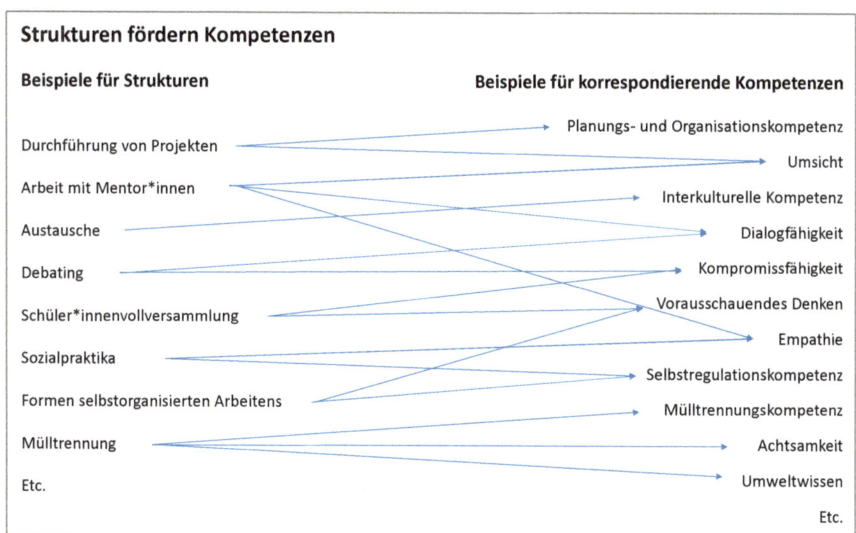

8 Werteorientierte Schulentwicklung

Im vorherigen Kapitel haben wir insgesamt neun Handlungsfelder einer werteorientierten Schule beschrieben. Diese Einteilung ist durchaus etwas willkürlich und sicher nicht vollständig. In der Schulentwicklung kann man sich aber an ihr orientieren (reduzieren, ergänzen, umgruppieren) oder gleich eine eigene Systematik entwickeln. Die von uns vorgeschlagenen Handlungsfelder hängen miteinander zusammen und überlappen sich in vielfacher Hinsicht. Auf der Grundlage der neun Handlungsfelder weisen wir im Folgenden auf einige Punkte hin, auf die zu achten ist, damit eine werteorientierte Schulentwicklung gelingen kann.

8.1 Die werteorientierte Schulentwicklung ist eine permanente Herausforderung

Die werteorientierte Schulentwicklung ist kein einmaliges Projekt, sondern eine permanente Herausforderung, ein nie abgeschlossener Prozess. Das hat unterschiedliche Gründe:

a) **Es gibt weiße Flecken**. Eine Schule ist immer gut beraten, ihre Arbeit zu reflektieren und möglichst viel über die Wirkung der eigenen Arbeit zu wissen. Dafür gibt es unterschiedliche Erkenntnisquellen (Rückmeldungen von Schüler*innen, von Ehemaligen, von Eltern; der Ruf der Schule in der Öffentlichkeit; Entwicklung der Anmeldezahlen, aber auch der Abbrecherquote; gezielte Evaluationen). Trotz aller Bemühungen wird es aber immer Ungenauigkeiten und weiße Flecken in der Erkenntnis geben. Das mag auch z. T. daran liegen, dass man für bestimmte Dinge kein Auge, kein Sensorium hat, weil man nicht gelernt hat, darüber zu reden und gezielt danach zu schauen. Das Sehen-Lernen – und man kann die beschriebenen Handlungsfelder auch als Anleitung zum Sehen lesen – ist also immer ein erster Schritt bei jeder Schulentwicklungsaktion. Und es ist ein sehr wichtiger. Wir werden am Ende dieses Kapitels unter dem Stichwort Evaluation darauf noch einmal zu sprechen kommen.

b) **Es besteht eine hohe Fehleranfälligkeit**. In Kapitel 3 haben wir bereits angeschaut, dass es in Schulen immer auch mehr oder weniger negatives Lernen gibt. Eine Ursache dafür ist der Stress im System, aber auch Defizite in der Ausbildung oder der unreflektierte Umgang mit eigenen Erfahrungen können dazu führen, dass die Schulentwicklung gehemmt wird und dass den Lehrer*innen immer wieder neu Fehler (man trifft den falschen Ton, man reagiert gereizt, man behandelt Schüler*innen ungerecht etc.) – gerade auf der Prozessebene – unterlaufen. Damit kann man sich abfinden, man kann es sozusagen als gegeben hinnehmen und es auf sich beruhen lassen. Auf der anderen Seite kann gerade das Wissen um den Stress im System und die daraus resultierende Fehleranfälligkeit der Ansporn sein, die Werteorientierung – es geht insgesamt dabei ja um die Authentizität des Kollegiums – immer als unabgeschlossen und als ständige Herausforderung zu betrachten.

c) **Die Fluktuation im Kollegium.** Je größer das Kollegium, desto höher auch die Fluktuation im Kollegium. Alte, mit dem System vor Ort vertraute Kolleg*innen gehen in den Ruhestand. Andere pausieren kürzer oder länger im Rahmen von Elternzeiten. Einige Kolleg*innen sind für einige Jahre im Auslandsschuldienst. Insofern gibt es auch immer wieder Rückkehrer*innen, die im Hinblick auf eine bestimmte Zeit mit anderen Themen beschäftigt waren und die aktuelle Schulentwicklung nicht mitbekommen haben. Und Junglehrer*innen und Referendar*innen kommen mehr oder weniger jährlich hinzu, die sich ohnehin schwertun, die komplexe Realität der konkreten Schule zu realisieren. In laufende Schulentwicklungsprozesse – gerade auch zur Werteorientierung – werden sie hineingenommen. Wie die werteorientierte Schulentwicklung auf Dauer gestellt werden kann – und damit auch immer wieder neue Kolleg*innen involviert – zeigen wir weiter unten.

d) **Ist, was wir machen, genügend gut?** Und schließlich steht jede Schule immer wieder vor der Frage, die uns schon mehrfach begegnet ist: Ist, was wir tun, genügend gut? Sind wir authentisch in unserer eigenen Praxis im Hinblick auf Werte? Ist unsere Schulkultur insgesamt von Werten in konsistenter und nachhaltiger Weise geprägt? Praktizieren wir das, was wir im Hinblick auf die Schüler*innen wollen, im Sinne einer konsistenten Schulkultur auch im Umgang mit den Kolleg*innen, aber auch den Eltern? Gibt es Handlungsfelder, die nicht ausreichend entwickelt sind und bei denen es einen dringenden Handlungsbedarf gibt? Und wie wird die Werteorientierung und Wertebildung an der Schule dauerhaft am Leben gehalten (sozusagen als Ewigkeitsaufgabe)?

8.2 Wer beginnt? – Initiative und Motor

Nun ist es ja nicht so, dass es an den Schulen nicht eine Fülle von dringenden Aufgaben gäbe. Das Tagesgeschäft ist aufreibend genug. Der Erwartungsdruck – von Eltern, von der Politik, aus dem Kollegium – ist groß. Werteorientierung ist vermutlich – wenn überhaupt – ein Anliegen unter vielen und steht nicht unbedingt oben auf der Agenda einer Schule, auch wenn in aller Regel im Leitbild der Schule (und natürlich auch im Bildungsplan, im Schulgesetz und in der Landesverfassung) selbstverständlich der Bezug zu Werten hergestellt wird. Zunächst stellt sich die Frage, wie ein Einstieg in die werteorientierte Schulentwicklung gelingen und wer ihn initiieren kann; dann steht man aber auch vor der Herausforderung, die Wertebildung zu einem sozusagen permanenten Entwicklungsthema an der Schule zu machen.

a) **Mögliche Initiatoren.** Die Initiative für einen Schulentwicklungsschritt in Richtung Werteorientierung kann von unterschiedlichen Personen ausgehen. Die entscheidende Frage ist, wie sie an Fahrt aufnehmen und erfolgreich werden kann. Durchaus denkbar ist, dass eine Lehrkraft, oder besser: eine Gruppe von Kolleg*innen den Prozess anstoßen. Dann stellt sich die Frage, wie sie strategisch vorgehen, wen sie mit ins Boot holen. Hier dürfte die Konstellation in jeder Schule eine andere sein. Möglicherweise ist es angesagt, zunächst das Gespräch mit der Schulleitung zu suchen. Schwierig wird es, wenn von Seiten der Schulleitung keine ausreichende Resonanz zu erwarten oder in einem ersten Sondierungsgespräch nicht erkennbar ist. Dann ist es angezeigt, Kolleg*innen anzusprechen, Mitglieder aus dem Schulleitungsteam oder aus der Lenkungsgruppe, um zunächst einen Diskurs zur Werteorientierung an der Schule an der Basis mit möglichst vielen Beteiligten zustande zu bringen. Grundsätzlich ist es auch möglich, dass ein erster Anstoß von außen, insbesondere von Elternseite kommt.

b) **Die Schulleitung muss ins Boot!** Allerdings ist es für einen erfolgreichen Prozess aus unterschiedlichen Gründen unverzichtbar, dass die Schulleitung mit ins Boot geholt wird. Der Schulleitung kommt bei Schulentwicklungsschritten – und insbesondere bei einer werteorientierten Schulentwicklung – eine wichtige Schlüsselrolle zu. Das gilt sowohl für strukturqualitative Veränderungen, für die z. T. ein förmlicher Beschluss der Gesamtkonferenz herbeigeführt werden muss und die oft auch Steuerungshandeln auf Ressourcenebene (Personal, Material, Räume, Zeit) erfordert. Und es gilt auch für die Entwicklungen auf der prozessqualitativen Ebene, die von der Schulleitung nicht nur gewollt, sondern unterstützt werden und insbesondere – sozusagen vorbildlich – praktiziert werden müssen. Dazu im nächsten Abschnitt gleich mehr.

c) **Keine Wertebildung und keine werteorientierte Schulentwicklung ohne Praxis der Werteorientierung im Schulleitungshandeln und im Kollegium.** Werteorientiertes Handeln an einer Schule kann schwerlich vorgespielt werden. Es muss authentisch sein und als konsistent erlebt werden. Es muss eine Schulkultur, die die ganze Schule prägt, darstellen. Das bedeutet, dass sowohl das Agieren der Schulleitung gegenüber den Kolleg*innen (aber auch gegenüber den Schüler*innen und gegenüber den Eltern) als auch das Miteinander im Kollegium von den gleichen Werten geprägt sein muss, wie das erwünschte Verhalten der Lehrer*innen gegenüber den Schüler*innen, denn hinter werthaftem Verhalten – soll es authentisch sein – steckt die gleiche Grundhaltung. Das bedeutet, dass jeder Wertentwicklungsprozess in einer Schule – der letztendlich das Wohlergehen der Schüler*innen im Auge hat (Baumann/Götz ²2023) – im Schulleitungshandeln und im Miteinander des Kollegiums beginnen muss. Nimmt man also eines der schulischen Handlungsfelder – z. B. die Beziehungs- oder die Fehlerkultur – in Angriff, so ist immer auch zu fragen, was das im Miteinander der Kolleginnen bedeutet und was es für den Führungsstil, der in der Schule praktiziert wird (und der immer die Schule und das Verhalten der Kolleg*innen prägt), für Konsequenzen hat. Das ist durchaus ein zusätzlicher Grund, in entsprechende Werteentwicklungsprozesse einzusteigen, gehören doch am Ende alle Beteiligten zu den Gewinnern.

d) **Mögliche Widerstände**. Allerdings ist, wenn man in einen Wertentwicklungsprozess einsteigen möchte, bei dem es auch um die Prozessqualität an der Schule – und damit auch um das Verhalten der Lehrer*innen – geht, mit Widerständen zu rechnen, die möglicherweise nicht offen kommuniziert werden (wer will sich schon offen gegen eine Werteorientierung aussprechen?). Welche Vorbehalte ins Feld geführt werden, ist nicht wirklich vorhersagbar. Weil es sich möglicherweise um vorgeschobene Argumente (im Interesse tieferliegender Befindlichkeiten wie Unsicherheiten und Ängsten, wenn es um neues, bisher so nicht praktiziertes Verhalten geht) handeln kann, hilft eine sachlogische Auseinandersetzung oder Widerlegung nicht in jedem Fall weiter.

   Argumente des Widerstands könnten evtl. sein:

   - „Wir sind keine Wohlfühloase."
     Damit wird zum Ausdruck gebracht, dass die Schule auf das Leben ‚draußen' vorbereite. Die Schule sei ja schon ein geschützter Raum, aber die Schüler*innen müssten auch auf die Wirklichkeit außerhalb und nach der Schule vorbereitet werden, und dort herrsche z. T. ohnehin ein anderer Ton. Man erweise den Schüler*innen keinen Gefallen, wenn man ihnen übertrieben höflich begegne, sich für jeden Fehler entschuldige usw.
   - „Wir sind nicht die Reparaturanstalt der Nation."
     Die Schule sei nur ein Spiegel der Gesellschaft. Man kämpfe unter Umständen wie Don Quichotte gegen Windmühlen, wenn man an der Schule sich allzu sehr für eine bessere Welt einsetze. Letztendlich könne man gegen die Gesellschaft und die herrschenden Trends nicht ankommen.
   - „Die Fehler liegen im System."
     Innerhalb des Systems könne man nicht mehr tun, als man schon tue. Da müsse die Politik erst einmal die Rahmenbedingungen für die Schulen

nachhaltig verändern und insbesondere für die Lehrkräfte bessere Arbeitsbedingungen schaffen.

- „Mir geht das zu weit."
  Werteorientierung werde doch schon praktiziert. Aber das konkrete Verhalten sei immer individuell. Man könne doch nicht ein einheitliches oder verbindliches Verhalten vorschreiben. Die Freiheit des Einzelnen sei doch auch ein Grundrecht, es komme auf das pädagogische Ermessen an. Und bisher sei man doch auch ganz gut zurechtgekommen.
  Mit Widerständen – offen oder verdeckt – ist bei Schulentwicklungsprozessen (vgl. Baumann/Götz 2021) immer zu rechnen.

e) **Hilfestellungen für die Schulentwicklung.** Natürlich macht eine sachlogische Argumentation Sinn, auch wenn sie nicht unbedingt (alle) Widerstände hinwegräumt. Eine solche Kommunikation gehört zur Kultur der Offenheit, sie schafft Transparenz, eine wichtige Voraussetzung für gegenseitiges Vertrauen. Doch die Kolleg*innen müssen auch emotional mitgenommen werden und es muss erstrebenswert erscheinen, sich auf Neues einzulassen.

8.3 Struktur- und Prozessqualität – zweierlei Formen der Schulentwicklung

Zwei Kategorien der Schulentwicklung

Entwicklung der Strukturqualität	Entwicklung der Prozessqualität
• Anordnen	• Thematisieren
• Überzeugen und gewinnen	• Sensibilisieren
• Beschließen	• Sehen lernen
• Organisieren	• Vormachen
• Ressourcen bereitstellen	• Beraten und begleiten
	• Unterstützen und ermutigen

verzahnen

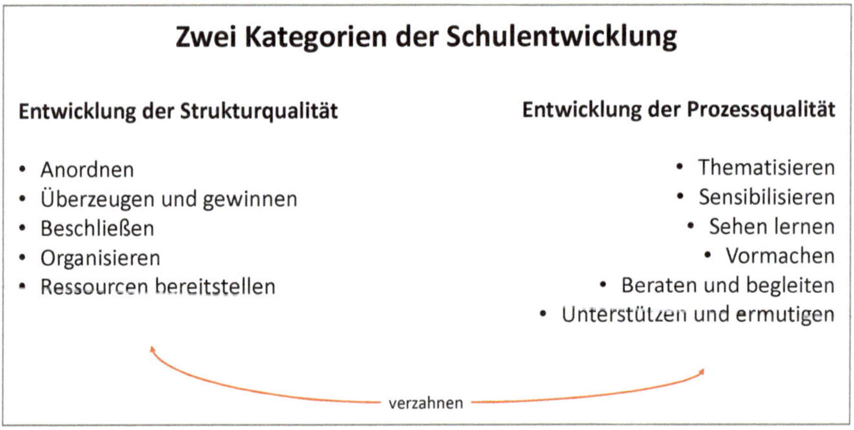

Tatsächlich geht es darum, sich in zwei unterschiedlichen Kategorien der Schulentwicklung zu bewegen. Die Schulentwicklungsarbeit an der Strukturqualität erfordert eine andere Herangehensweise wie die Weiterentwicklung der Prozessqualität.

8.3.1 Die Arbeit an der Strukturqualität

Wir haben in Kapitel 7 in den unterschiedlichen Handlungsfeldern zahlreiche strukturelle Möglichkeiten angedeutet oder beschrieben, die im Zusammenhang der Werteorientierung von Bedeutung sind und die Wertebildung unterstützen.

Strukturelle Entwicklungen sind zunächst einmal weitestgehend unabhängig von der Haltung einer Lehrkraft. Sie regulieren nicht das Verhalten, sondern geben einen Rahmen, in dem Lehrkräfte oder auch Schüler*innen agieren. Strukturelle Maßnahmen werden ergriffen, eingeführt, umgesetzt, angeordnet oder beschlossen. Oft sind dafür Ressourcen notwendig.

Folgende Aspekte der Schulentwicklung ergeben sich dabei:

- *Anordnen:* Sicher gibt es strukturelle Veränderungen, für die man keinen Beschluss der Gesamtkonferenz braucht (z. B. die Einführung von Sprachkursen für geflüchtete Schüler*innen, Etablierung von Stützkursen zur besseren Integration von Schüler*innen mit Defiziten, Einrichtung von einem Lern- und Experimentierlabor, Anschaffung von Sitzgelegenheiten im Pausenbereich etc.), sondern die einfach durch die Schulleitung angesetzt und organisiert werden.
- *Beschließen:* Die Regel bei umfänglicheren und tiefgreifenden Vorhaben, die insbesondere auch auf Dauer gestellt werden sollen, dürfte und sollte allerdings sein, dass die Gesamtkonferenz diese strukturelle Maßnahme beschließt. Zu denken wäre an die Einführung eines Tutor*innensystems, an ein Feedbacksystem, an die Schaffung von Ruhebereichen, an die Etablierung eines Klassenrats, den Aufbau eines Austauschprogramms etc.
- *Überzeugen und gewinnen:* Im Vorfeld ist es dafür notwendig, die Kolleg*innen über die angedachte Maßnahme (z. B. die Einführung von formativem Feedback oder eines Beschwerdemanagements) zu informieren. Was bedeutet sie genau? Welche Erwartungen sind mit ihr verbunden? Welche Konsequenzen zieht sie nach sich? Hier sind Gespräche mit einzelnen Kolleg*innen, mit Fachschaften, mit der Schüler*innenvertretung etc. u. U. sehr hilfreich.
- *Organisieren und Ressourcen bereitstellen:* Mit Ressourcen können Räume für bestimmte Angebote, die man plant, gemeint sein. Genauso wichtig sind die Zeitfenster, in denen die Maßnahme stattfindet (müssen andere Dinge deshalb verschoben werden oder ausfallen?). Woher kommen die für die Maßnahmen u. U. notwendigen Lehrer*innenwochenstunden? Sind sie an der Schule vorhanden oder müssen andere Angebote zurückgefahren werden? Ist die Maßnahme mit irgend einem sächlichen Aufwand verbunden? Müssen Lernmaterialien, Bücher, Tablets etc. bereitgestellt werden? Wie sieht es mit einem möglichen finanziellen Aufwand aus? Wer muss im Zuge der Maßnahme im Vorfeld entsprechend qualifiziert werden? Hier muss in der Regel mit viel mit Umsicht geplant und organisiert werden. Gespräche mit den Kolleg*innen, Eltern, Schulträgern und evtl. Partnern der Schule sind angesagt.

Je nach Maßnahme fällt der Aufwand gering oder groß aus. So ist die Einführung z. B. eines Schüler*innenparlaments eine tiefgreifende Strukturveränderung. Diese sollte im Vorfeld sorgsam mit der Schüler*innenvertretung und den Verbindungslehrer*innen abgesprochen werden. Die Sprecher*innen der Schüler*innen sollten in einem längeren Prozess vorbereitet und geschult werden (Bedeutung und Chance eines Schüler*innenparlaments; Fragen der Leitung und der Sitzungsorganisation, Erstellung einer Tagesordnung und Vorbereitung der Tagesordnungspunkte, Umgang mit Diskussionsbeiträgen, Abstimmungen und Beschlussfassung etc.).

8.3.2 Die Weiterentwicklung der Prozessqualität

Die Prozessqualität bewegt sich auf einer ganz anderen Ebene und ist für die Schule eine deutlich andere Herausforderung. Prozessqualität kann man nicht anordnen und nicht beschließen. Sie entzieht sich teilweise auch der Wahrnehmung und Beobachtbarkeit. Sich Zeit nehmen, ausgleichend agieren, flexibel sein, experimentieren lassen, fehlertolerant sein, um nur einige Beispiele zu nennen, sind situative und kontextabhängige Verhaltensweisen, die aus einer Grundhaltung der handelnden Person heraus entstehen.

In den schulischen Handlungsfeldern (Kap. 7) haben wir prozessqualitative Merkmale kennengelernt, die man auch Facetten (vgl. Schratz 2023) des Lehrer*innenhandelns nennen könnte. Facetten zeigen für einen Augenblick, wie aus einer Haltung heraus in einer bestimmten Weise agiert wird. Stellt man die im vorausgehenden Kapitel bereits genannten Facetten – ohne dabei vollständig zu sein – in einer Liste zusammen, so ergibt sich ein beträchtliches Bild:

Prozessqualitative Facetten werteorientierten und wertebildenden Lehrer*innenhandelns

Eine nicht abgeschlossene und jederzeit weiterzuentwickelnde Übersicht

Handlungsfeld	Facette
Bildungsgerechtigkeit	• Wahrnehmung von Schüler*innen • Vertrauen der Schüler*innen gewinnen • Hintergrundwissen zu einzelnen Schüler*innen aufbauen • Selbstwert der Schüler*innen stärken • Interessen aufbauen • Begabungen entdecken, Begabungen wecken • Abschulung vermeiden • Advokatorisch für Schüler*innen eintreten • Zuversicht ausstrahlen

Hilfe zur Selbstentfaltung	• Wahrnehmen der Schüler*innen • Ermuntern, ermutigen • Vertrauen schenken, etwas zutrauen • Experimentieren lassen • Vorausschauend denken
Schulgestaltung	• Verschönerungsmöglichkeiten aufspüren • Bedürfnisse der Schüler*innen wahrnehmen • Unterstützung organisieren
Beziehungskultur	• Schüler*innen wahrnehmen, achtsam sein • Empathie zulassen, empathisch sein • Spontan sein, offen sein • Neugierig auf Schüler*innen sein • Anteil nehmen • Sich Zeit nehmen • Zuhören • Vertrauen schenken • Gespräche suchen und offen führen • Auf Augenhöhe kommunizieren • Verlässlich sein • Nicht negativ über Schüler*innen reden
Fehlerkultur	• Fehler als Lerngelegenheiten begrüßen und benutzen • Notwendigen Klärungen flexibel Vorrang gewähren • Nicht beschämen • Nicht bloßstellen • Zwischen Person und Sache trennen • Selbstkritisch sein • Fehler zugeben, sich ggf. entschuldigen • Vermeidung von Ungeduld
Demokratie und Verantwortung	• Transparent sein • Vertrauen in die Schüler*innen haben und ihnen etwas zutrauen • Experimentieren lassen • Fehlertoleranz zeigen • Zu Aktivitäten (z. B. in der Schüler*innenvertretung oder als Mentor*innen) und Projekten ermuntern • Gelegenheiten zur Verantwortungsübernahme schaffen und dabei unterstützen • Flexibel und spontan Lerngelegenheiten nutzen • Sich auf Diskurse einlassen • Kompromisse suchen, für Kompromisse werben • Meinungen hinterfragen und bei der Meinungsbildung unterstützen
Frieden	• Achtsam sein, Konflikte und Befindlichkeiten wahrnehmen und ansprechen • Sensibilisieren • Gespräche führen

	• Deeskalieren • Nicht bloßstellen, nicht beschämen • Versöhnen • Gerecht sein • Verhandeln, ausgleichen
Umwelt, Klima	• Achtsam sein • Sensibilisieren • Gelegenheiten für Gespräche und Aktionen nutzen • Vorbildlich, authentisch sein
Wertediskurs im Fachunterricht	• Sich Zeit nehmen • Flexibel sein • Authentisch sein • Zuhören können • Offenheit pflegen, Meinungsvielfalt zulassen • Position beziehen, aber nicht manipulativ sein • Sich auf Diskurse einlassen • Anregungen konstruktiv aufgreifen und weiterverfolgen • Insistieren, vertiefen • Unwahrheiten aufdecken, nicht akzeptieren • Engagiert sein

Welche Möglichkeiten, der Entwicklung oder Stärkung solcher Verhaltensweisen (der Facetten) gibt es überhaupt? Welche Möglichkeiten hat die Schulentwicklung im Hinblick auf die Prozessqualität?

- **Thematisieren und sensibilisieren.** Aspekte der Prozessqualität spielen sich vielfach im Verborgenen ab, nicht nur hinter verschlossenen Klassenzimmertüren. Auch für die Reflexion des eigenen Verhaltens haben Lehrer*innen eigene Deutungsmuster und Strategien entwickelt, die eher verhindern, einen neuen Blick auf das eigene Agieren zu werfen und Ursächlichkeiten oder Mitverantwortlichkeiten für Dinge, die schief laufen, in Betracht zu ziehen.
  Es ist ein erster Schritt, wenn in einer Schule – insbesondere seitens der Schulleitung, aber auch durch Kolleg*innen – Fragen der Prozessqualität gerade auch im Zusammenhang mit der Wertebildung offen angesprochen werden und auf die Bedeutung der Prozessqualität hingewiesen wird (das gilt übrigens auch für prozessqualitative Elemente, die in keinem direkten oder nur einem losen Zusammenhang mit der Werteorientierung stehen, vgl. Baumann/Götz 2021 S. 84ff). Wiederholtes Ansprechen in unterschiedlichen Kontexten trägt zu einer Sensibilisierung für prozessqualitative Vorgänge bei. Dabei geht es um die Qualität der Arbeit der Schule insgesamt, für die eben bei weitem strukturqualitative Maßnahmen nicht ausreichend sind. Diese Zusammenhänge – und das Zusammenspiel von Struktur- und Prozessqualität – sind in Konferenzen, in Fachgruppen, in Einzelgesprächen immer wieder anzusprechen.

- **Sehen lernen**. Verhalten von Kolleg*innen, das prozessqualitativ einen Unterschied macht, muss man sehen lernen. Die Thematisierung von Fragen der Prozessqualität und die Kommunikation darüber in der Schulleitung und im Kollegium sind ein erster Schritt. Es geht um die Wahrnehmung des eigenen Agierens und um das Sehen von prozessqualitativem Verhalten der Kolleg*innen, das den Wertevorstellungen entspricht. Für das Sehenlernen der Schulleitung bedeutet das, dass sich die Schulleitung aus dem Rektorat herausbegeben muss und sich immer wieder dort aufhalten muss, wo die Kolleg*innen in der direkten Interaktion mit den Schüler*innen stehen. Das ist insbesondere der Unterricht, aber auch der Pausenbetrieb auf dem Schulhof oder auf den Fluren. Das kostet natürlich Zeit, die aber voraussichtlich sehr gut investiert ist. Für Schulleiter*innen empfiehlt sich der möglichst regelmäßige Walkaround durch den vormittäglichen Unterricht. Hierbei geht man von Unterrichtsraum zu Unterrichtsraum und hält sich dort – je nach Bedarf – ca. 10 – 20 Minuten in einem Raum auf. Man schaut der Lehrkraft zu, wie sie mit den Schüler*innen interagiert. Man achtet auf ihren Ton. Darauf, wie sie die Schüler*innen im Blick hat. Zur eigenen Vorbereitung hilft es, sich – vielleicht entsprechend der Handlungsfelder – Schwerpunkte vorzunehmen, die man gezielt beobachten will: Wie sieht es mit der Fehlerkultur aus? Wie geht die Lehrkraft in die Interaktion mit den Schüler*innen? Wo wird Vertrauen praktiziert? Werden Schüler*innen gezielt ermuntert, ermutigt? Die oben angeführte Liste kann für das Sehenlernen eine Hilfe sein.
  Natürlich ist es wichtig, dass in nachfolgenden Gesprächen insbesondere auch kleine positive Ansätze der Kolleg*innen gewürdigt werden. So schult sich auch die Eigenwahrnehmung, das Sehen der Kolleg*innen.
  Werteorientiertes Verhalten in Form von Handlungsfeldern darzustellen und entsprechend zu kommunizieren, ist auch eine Hilfestellung zum Sehen lernen. Gleichzeitig gewinnt auch das Verhalten von Lehrer*innen an Bedeutung, weil es plötzlich im Rahmen eines Handlungsfeldes erfolgt und gesehen werden kann. Das konkrete Verhalten wird einem wichtigen (gemeinsamen) Ziel der Schule zugeordnet, jede Lehrkraft kann zum Gelingen beitragen.

- **Vormachen und authentisch sein**. Vormachen und authentisch sein ist die Herausforderung für die Schulleitung und eine große Chance für Kolleg*innen, denen die Werteorientierung und die Weiterentwicklung der Prozessqualität am Herzen liegt. Das gilt für den Umgang der Schulleitung mit dem Kollegium und der Kolleg*innen untereinander, aber auch für alle Begegnungen und Interaktionen mit Schüler*innen. Besonders interessant hierbei sind Gespräche, die die Schulleitung oder auch eine Lehrkraft mit Schüler*innen im Beisein anderer Kolleg*innen führt (z. B. ein Feedbackgespräch oder ein Konfliktgespräch). Hier lässt sich zuschauen und unter Umständen sehr viel durch Sehen lernen. Gerade Schulleitungen sollten sehr daran interessiert sein, Kolleg*innen an Gesprächen – gerade die schwierigen sind besonders interessant – teilnehmen zu lassen bzw. dazuzubitten.

- **Beraten und begleiten.** Hat die Schulleitung, haben Kolleg*innen sozusagen das Sehen gelernt, werden ihnen Defizite bei den Kolleg*innen, aber auch positive Beispiele deutlich mehr auffallen. Ist der Boden im Kollegium bereitet und das Kollegium für prozessqualitative Aspekte sensibilisiert, können auf dieser Grundlage Gespräche mit Kolleg*innen geführt werden. Wenn irgend möglich sollten dabei die positiven Ansätze gewürdigt werden. Für kritische Situationen, in denen sich Kolleg*innen immer wieder befinden, sollte man nicht die eine Lösung parat haben, sondern miteinander reflektieren, welche alternativen Verhaltensweisen dem*r Schüler*in evtl. besser weitergeholfen hätten.

- **Supervision und Coaching.** Solche Ansätze lassen sich professionalisieren durch Supervision oder Coaching. Auch dafür gilt es erst den Boden zu bereiten, ist doch die Akzeptanz – im Gegensatz zu anderen sozialen Berufen – für Supervision und Coaching bei Lehrkräften traditionell nicht sehr hoch, ganz abgesehen von den in der Regel hierfür nicht zur Verfügung stehenden finanziellen Mitteln. Aber in der Supervision (meist im Rahmen einer Supervisionsgruppe) lernen Kolleg*innen ihr unterrichtliches Agieren und ihre Art, wie sie mit Schüler*innen in Beziehung gehen und kommunizieren, zu reflektieren. Das Coaching ist ein etwas intensiver und meist sehr persönlicher Prozess über einen längeren Zeitraum. Supervision und Coaching haben beide ihre je eigenen Vorteile.

- **Unterstützung und Ermutigung.** Unterstützung und Ermutigung brauchen die Kolleg*innen nicht nur, um ggf. an Supervision oder Coaching teilzunehmen, sondern insbesondere dann, wenn sie sich auf den durchaus mühsamen Weg gemacht haben, gewohnte Verhaltensmuster zu überdenken und sich teilweise in neuem und unsicherem Terrain mit veränderten Verhaltens- und Reaktionsweisen angefangen haben zu bewegen. Da kann es Fehleinschätzungen und Rückschläge geben. Man muss solchen Kolleg*innen auch signalisieren, dass sie Zeit haben, dass man ihre Arbeit zur Veränderung von Gewohnheiten sieht und wertschätzt.

- **Erfahrungsräume schaffen durch (gegenseitige) Hospitationsmöglichkeiten.** Wenn sich Tandems oder kleine Gruppen von Kolleg*innen bilden, die sich gemeinsam auf den Weg machen wollen, sollte auch das die volle – ggf. organisatorische – Unterstützung durch die Schulleitung haben. In freiwilligen Teams oder Tandems kann von wechselseitigem Vertrauen ausgegangen werden, das die Grundlage ist, im Rahmen von Hospitationen um ein gezieltes und ehrliches Feedback zu bitten, das man angstfrei hören kann.

- **Mentoring durch erfahrene Kolleg*innen.** In jedem Kollegium gibt es vermutlich eine ganze Reihe von Kolleg*innen, denen es nicht nur ein großes Anliegen ist, mit ihren Schüler*innen sehr würdevoll umzugehen und die dabei sehr viel Geschick (meist auch Ansehen und Erfolg) haben. Treffen diese Voraussetzungen zu, macht es Sinn, sie als Mentor*innen für vor allem jüngere Kolleg*innen einzusetzen. Wie ein solches Mentorat ausgestaltet werden kann, muss vor Ort im Rahmen der Möglichkeiten entschieden werden. Folgende Fragen können sich dabei stellen: Soll dem*r Mentor*in eine oder mehrere Kolleg*innen zugeteilt werden? Soll es regelmäßige Treffen geben oder nur bei Bedarf? Sind Hospitationen angedacht? Wie kann es gelingen, dass die jungen Kolleg*innen den Mentor*innen in unterschiedlichen Praxissituationen über die Schulter schauen können?

- **So früh wie möglich beginnen.** Die Werteorientierung als eine stets mitlaufende Aufgabe im Lehrberuf sollte so früh wie möglich angebahnt werden. Im Idealfall beschäftigen sich bereits die Lehramtsstudierenden damit und werden insbesondere bereits im Praxissemester durch die Schulen damit konfrontiert. Referendare und Junglehrer*innen sollten kontinuierlich im Hinblick auf die Werteorientierung und ihre wichtige Rolle dabei begleitet und unterstützt werden. Wenn es gelingt, dass wenig förderliche Verhaltensweisen – wie Junglehrer*innen sie vielleicht aus ihrer eigenen Schulzeit als vermeintlich hilfreich adaptiert haben – sich gar nicht erst zu tiefsitzenden Gewohnheiten verfestigen, sondern werteorientiertes Verhalten grundlegend aufgebaut werden kann – am besten im Rahmen einer stimmigen Schulkultur – dann ist sehr viel gewonnen. Revisionen eigenen Verhaltens, Verlernen von eingespurten Mustern und Neulernen sind hingegen mühsame Prozesse.

- **Mit Leitbildprozessen arbeiten.** Fast alle Schulen haben ein Leitbild. Hin und wieder wird vielleicht auch darauf verwiesen, sei es von der Schulleitung, die damit etwas einfordert, sei es von Eltern, die sich nicht im Sinne des Leitbildes behandelt fühlen. Ansonsten führen die schulischen Leitbilder oft ein Schattendasein. Die Rhythmen, in denen sie überarbeitet, aktualisiert werden, sind groß. Die Begeisterung für Leitbildprozesse hält sich in Grenzen.
  Nun leuchtet aber ein, dass ein Leitbild, wenn es um Werte und Wertebildung geht, an sich ein wichtiges Dokument an einer Schule sein könnte. Und Leitbildprozesse bieten die herausragende Gelegenheit, im Kollegium den Wertediskurs zu pflegen und das Anliegen der Wertebildung auf die Agenda zu setzen. Wir wollen unten dazu einige Vorschläge machen, die es ermöglichen, über Leitbildprozesse den Wertediskurs zu verstetigen und nachhaltig zu machen.

- **Schulinterne Fortbildung.** Leitbildprozesse sind im Idealfall gute Gelegenheiten, bestimmte Themen – z. B. die Wertebildung – auf die Agenda zu setzen und im Kollegium gemeinsam zu bearbeiten. Die schulinterne Fortbildung hat gegenüber der externen Fortbildung zahlreiche Vorteile. Sie kann sehr passgenau sein und sie findet mit einem großen Teil des Kollegiums oder sogar mit allen Kolleg*innen statt. Inputs durch Fachleute von außen (z. B. von anderen Schulen) können sich mit der intensiven Auseinandersetzung mit dem Kollegium verbinden. Es kann nach Lösungen und Perspektiven gesucht und an ihnen gearbeitet werden, die unmittelbar die Schule betreffen. Gut bereitet dürfte der Boden sein, wenn zahlreiche der oben angeführten Punkte (sehen lernen, kollegiale Hospitationen, Coaching etc.) bereits im Kollegium etabliert sind. Im Idealfall gehen aus der schulinternen Fortbildung professionelle Lerngemeinschaften hervor, die einen Schwerpunkt auf der Wertebildung setzen und im weiteren Verlauf ins Kollegium zurückwirken.

- **Auf ein gutes Zusammenspiel von Struktur- und Prozessqualität achten (die Strukturqualität nicht vernachlässigen).** Will man die Prozessqualität voranbringen, dann ist es wichtig, auch solche Strukturen zu schaffen, in denen bestimmte Elemente der Prozessqualität auch richtig zur Geltung kommen können. Es ist schön, Vertrauen in die Schüler*innen zu haben, sie gerne experimentieren zu lassen und fehlertolerant zu sein; wirklich entfalten können sich allerdings diese prozessqualitativen Elemente dann, wenn für die Arbeit der Schülervertretung auch gute Strukturen vorhanden sind, wie z. B. eine Schüler*innenvollversammlung. Oder, um ein anderes Beispiel anzuführen: Kolleg*innen, die Begabungen entdecken und Schüler*innen fördern wollen, sollten an der Schule auch geeignete Strukturen vorfinden, in denen entsprechende Schüler*innen dann auch individuell gefördert werden können, also z. B. Lernlabore oder Arbeitsgemeinschaften im Rahmen von Jugend forscht. Diese Beispiele, die das Zusammenspiel von Struktur- und Prozessqualität zeigen, ließen sich nahezu beliebig fortsetzen. Strukturen sind wichtig, brauchen aber auch Lehrer*innen, die in ihnen wirkungsvoll agieren. Und engagierte und im Sinne der Werteorientierung souverän agierende Lehrer*innen brauchen auch geeignete Strukturen, sonst bleibt ihr Einsatz unter dem Anspruch und hinter den Möglichkeiten zurück und führt letztendlich zu Ermüdung und Frustration zahlreicher Kolleg*innen.

8.4 Fokussieren – nicht alles auf einmal! Aber immer!

Nun haben wir oben schon einen nicht unkritischen Blick auf die Arbeit mit schulischen Leitbildern geworfen. Die Idee, mit Leitbildprozessen zu arbeiten, soll hier noch einmal aufgegriffen werden und mit zwei Vorschlägen für eine möglichst effiziente und nachhaltige Praxis unterlegt werden.

8.4.1 Arbeit mit Schwerpunkt- oder Phasenleitbildern

In Kapitel 7 haben wir im Hinblick auf Werteorientierung und Wertebildung neun Handlungsfelder identifiziert. Sie decken viele – sicher nicht alle – Bereiche im Kontext der Werteorientierung/Wertebildung ab. Es ist ein nicht unwichtiger Schritt, den großen Komplex der Werteorientierung – und damit einer konsistenten Schulkultur – in einzelne Handlungsfelder aufzuschlüsseln. Unser Vorschlag ist nun, sich in einem bestimmten Zeitraum bzw. über eine Phase (halbes Schuljahr, ganzes Schuljahr oder auch über den Zeitraum von zwei Schuljahren) auf lediglich ein oder zwei Handlungsfelder zu konzentrieren. Das macht das Vorgehen überschaubarer. Die Werteorientierung erscheint dann auch den Kolleg*innen weniger diffus. Natürlich wird es infolge der bereits mehrfach angeführten Überschneidungen dazu führen, dass Maßnahmen und Erfolge in einem Handlungsfeld durchaus auch in einem anderen spürbar sein werden. Das macht weitere Schritte in den Folgejahren umso einfacher.

Konkret könnte das bedeuten, dass eine Schule aus den neun Handlungsfeldern zunächst ein oder zwei Handlungsfelder für ihre Entwicklungsarbeit festlegt (die Abfolge der hier vorgestellten Handlungsfelder spielt dabei keine Rolle). Diese Entscheidung sollte am besten in der Gesamtkonferenz – vielleicht sogar unter Einbeziehung der Eltern und der Schüler*innenvertretung – erfolgen. Diese ein oder zwei Handlungsfelder können aus unterschiedlichen Bereichen (z. B. Bildungsgerechtigkeit, Beziehungskultur, Umwelt etc.) kommen. Nun beginnt man in der ersten Phase (eine Phase dürfte in der Regel einem Schuljahr entsprechen) mit einem auf diese Handlungsfelder bezogenen Leitbildprozess, in dem die Handlungsfelder im Hinblick auf das, was die Schule genau will und sich zu leisten im Stande sieht, zugeschnitten werden. Es werden also die Werte, Haltungen und Kompetenzen, die man entwickeln und stärken will, eruiert, diskutiert und schlussendlich gemeinsam festgelegt.

Dann wird überlegt, auf welchem Wege man diese Ziele erreichen will. Das wiederum hat eine strukturqualitative Dimension (die hierfür notwendigen bzw. voraussichtlich zielführenden Schritte müssen – unter klarer Aufgabenverteilung und mit entsprechenden Zeitplänen und Meilensteinen – festgelegt werden). Und es ist zu überlegen, wie das Kollegium gemeinsam in Sachen Prozessqualität vorankommen kann, welche Unterstützungsmöglichkeiten (Fortbildungen, Coaching, gegenseitige Hospitationen, Lerngemeinschaften etc.) in Anspruch genommen werden können.

Ist man nach ein/zwei Entwicklungsphasen mit den im Phasen- oder Schwerpunktleitbild anvisierten Ergebnissen hoffentlich zufrieden, kann das Kollegium sich ein weiteres Handlungsfeld vornehmen und in einen weiteren Zyklus einsteigen. So beschreitet man insgesamt einen überschaubaren und gangbaren (keine Überforderung) Weg, um die Werteorientierung – dort wo der Handlungsdruck am größten oder vielleicht auch die Akzeptanz im Kollegium zunächst am höchsten ist – in der Schule voranzubringen und auf Dauer zu stellen. Lässt man sich auf einen solchen gewissermaßen dauerhaften Prozess der Arbeit mit Schwerpunkt- oder Phasenleitbildern ein, empfiehlt sich ein regelmäßiges Monitoring (also eine Evaluation des laufenden Prozesses), so dass auch Anpassungen und Veränderungen möglich sind (und man nicht zum Opfer eines allzu festgefügten Schemas wird). Hierbei ist es für eine Schule sehr interessant, sich von außen (von einer Universität, von einer in solchen Prozessen bereits erfahrenen Schule etc.) Unterstützung zu holen.

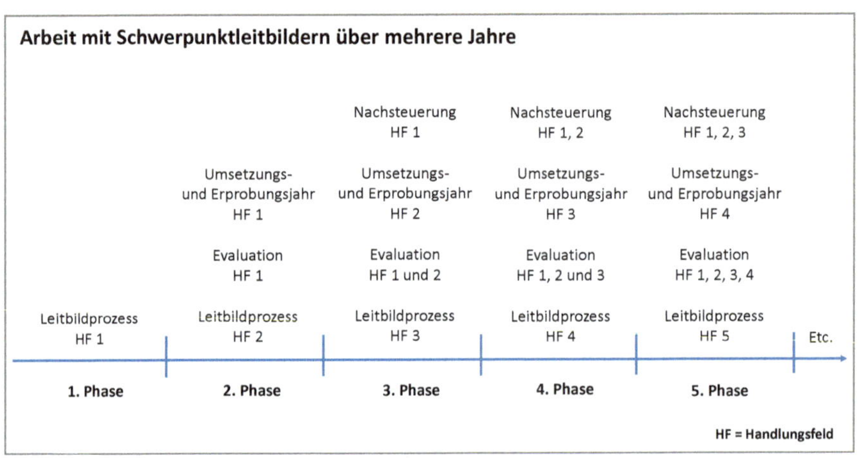

8.4.2 Evaluationen mit gezielten Fragebögen

Ob man allerdings mit einem solchen Schwerpunkt- bzw. Phasenleitbild in der Sache wirklich vorankommt, sollte nicht dem Gefühl der Beteiligten überlassen bleiben. Die Zerlegung des komplexen Themas der Werteorientierung in Handlungsfelder erlaubt auch, zu jedem Handlungsfeld gezielte Fragebögen zu entwickeln. Diese Fragebögen können bei den Schüler*innen sowohl die Struktur- als auch die Prozessqualität abfragen, wobei der Fokus auf der Prozessqualität liegen sollte. Strukturelle Maßnahmen – die Einrichtung eines Stützkurses, die Einführung von Klassenrat oder von Schüler*innenvollversammlungen – bleiben ohnehin nicht verborgen. Bei allen Maßnahmen bleibt immer die Frage, ob sie wirken, und die hängt davon ab, wie es gelingt, sie mit Leben zu erfüllen – und das ist Prozessqualität!

Im Folgenden sollen zu den in Kap. 7 beschriebenen Handlungsfeldern beispielhaft auf die Prozessqualität bezogene Evaluationsbögen vorgestellt werden. Die Items sind nicht unbedingt trennscharf. Und manche Items tauchen in ähnlicher Form in mehreren Fragebögen auf. Diese sollen als Anregung verstanden werden, sie können je nach Bedarf erweitert und ergänzt werden. Für eine professionelle Umsetzung empfiehlt sich evtl. die Zusammenarbeit mit einer Universität oder Pädagogischen Hochschule. Wichtig ist, dass die Fragebögen sehr überschaubar und fokussiert bleiben. Der Umfrage- und Auswertungsaufwand ist dann in jeder Hinsicht minimal. Und insbesondere erstickt man nach der Auswertung nicht in einem Wust an Daten, sondern hat es nur mit wenigen Items zu tun. Entsprechend wird sich auch das Kollegium für das Ergebnis verantwortlich fühlen und die Bereitschaft zur gezielten Weiterarbeit wird größer sein.

Fragebögen zur fokussierten Evaluation von prozessqualitativen Facetten

Handlungsfeld 1: Bildungsgerechtigkeit

Nr.	Item	Stimmt gar nicht – stimmt genau				
1	Meine Lehrer*innen behandeln uns alle gleich.	☐	☐	☐	☐	☐
2	Meine Lehrer*innen interessieren sich für mich.	☐	☐	☐	☐	☐
3	Meine Lehrer*innen trauen mir etwas zu.	☐	☐	☐	☐	☐
4	Meine Lehrer*innen freuen sich, wenn mir etwas gelingt.	☐	☐	☐	☐	☐
5	Meine Lehrer*innen zeigen mir neue Sachen.	☐	☐	☐	☐	☐
6	Meine Lehrer*innen können mich für Neues begeistern.	☐	☐	☐	☐	☐
7	Meine Lehrer*innen entdecken Dinge, die ich gut kann.	☐	☐	☐	☐	☐
8	Meine Lehrer*innen setzen sich für mich ein.	☐	☐	☐	☐	☐
9	Meine Lehrer*innen unterstützen mich mit ihrer Zuversicht.	☐	☐	☐	☐	☐
10	Meine Lehrer*innen haben Zeit, wenn ich mit ihnen reden will.	☐	☐	☐	☐	☐
	Etc.	☐	☐	☐	☐	☐

Handlungsfeld 2: Hilfe zur Selbstentfaltung

Nr.	Item	Stimmt gar nicht – stimmt genau				
1	Meine Lehrer*innen achten mich und nehmen mich wahr.	☐	☐	☐	☐	☐
2	Meine Lehrer*innen freuen sich über das, was ich kann, und sind behilflich, wenn ich etwas noch nicht kann.	☐	☐	☐	☐	☐
3	Meine Lehrer*innen ermuntern mich und ermutigen mich, Neues zu wagen.	☐	☐	☐	☐	☐
4	Meine Lehrer*innen trauen mir etwas zu.	☐	☐	☐	☐	☐
5	Meine Lehrer*innen lassen mich Dinge ausprobieren.	☐	☐	☐	☐	☐
6	Ich habe das Gefühl, dass meine Lehrer*innen meine Zukunft im Auge haben.	☐	☐	☐	☐	☐
7	Etc.	☐	☐	☐	☐	☐

Handlungsfeld 3: Schulgestaltung

Nr.	Item	Stimmt gar nicht – stimmt genau				
1	Meine Lehrer*innen achten darauf, dass es an unserer Schule schön ist.	☐	☐	☐	☐	☐
2	Meine Lehrer*innen halten uns dazu an, ordentlich mit den Dingen umzugehen.	☐	☐	☐	☐	☐
3	Meine Lehrer*innen sind sehr interessiert an unseren Ideen für eine schönere Schule.	☐	☐	☐	☐	☐
4	Meine Lehrer*innen greifen unsere Ideen auf und versuchen sie umzusetzen.	☐	☐	☐	☐	☐
5	Unsere Schulleitung freut sich, wenn wir Verbesserungsvorschläge haben und tut alles dafür, diese umzusetzen.	☐	☐	☐	☐	☐
6	Meine Lehrer*innen unterstützen uns und organisieren Hilfe bei der Umsetzung von Ideen	☐	☐	☐	☐	☐
7	Etc.	☐	☐	☐	☐	☐

Handlungsfeld 4: Beziehungskultur

Nr.	Item	Stimmt gar nicht – stimmt genau				
1	Meine Lehrer*innen nehmen uns persönlich wahr und gehen achtsam mit uns um.	☐	☐	☐	☐	☐
2	Meine Lehrer*innen spüren wenn es mir nicht gut geht und fragen nach.	☐	☐	☐	☐	☐
3	Meine Lehrer*innen sind offen für mich und meine Anliegen.	☐	☐	☐	☐	☐
4	Meine Lehrer*innen nehmen sich Zeit für mich, auch wenn sie vielleicht gerade anderes zu tun haben.	☐	☐	☐	☐	☐
5	Im Gespräch hören meine Lehrer*innen mir genau zu.	☐	☐	☐	☐	☐
6	Meine Lehrer*innen vertrauen mir.	☐	☐	☐	☐	☐
7	Meine Lehrer*innen reden gerne mit mir.	☐	☐	☐	☐	☐
8	Ich kann meinen Lehrer*innen vertrauen.	☐	☐	☐	☐	☐
	Etc.	☐	☐	☐	☐	☐

Handlungsfeld 5: Fehlerkultur

Nr.	Item	Stimmt gar nicht – stimmt genau				
1	Wenn ich einen Fehler mache, werde ich nicht geschimpft.	☐	☐	☐	☐	☐
2	Wenn ich einen Fehler mache, helfen mir meine Lehrer*innen weiter.	☐	☐	☐	☐	☐
3	Bei Fehlern unterbrechen meine Lehrer*innen den Unterricht und nutzen die Fehler als Lerngelegenheit.	☐	☐	☐	☐	☐

4	Auch Schüler*innen, denen häufig Fehler unterlaufen, werden nicht bloßgestellt.	☐	☐	☐	☐	☐
5	Meine Lehrer*innen wollen, dass wir etwas lernen, aber sie machen uns Schüler*innen keine persönlichen Vorwürfe, wenn wir etwas nicht verstehen.	☐	☐	☐	☐	☐
6	Meine Lehrer*innen fragen uns immer wieder, ob sie etwas gut genug erklärt haben, und versuchen, immer wieder noch besser zu erklären.	☐	☐	☐	☐	☐
7	Meine Lehrer*innen entschuldigen sich, wenn sie selbst einen Fehler gemacht haben.	☐	☐	☐	☐	☐
8	Meine Lehrer*innen lassen uns die nötige Zeit, auch wenn wir manchmal ihre Ungeduld spüren.	☐	☐	☐	☐	☐
	Etc.	☐	☐	☐	☐	☐

Handlungsfeld 6: Demokratie, Verantwortung

Nr.	Item	Stimmt gar nicht – stimmt genau				
1	Meine Lehrer*innen erklären, warum sie bestimmte Dinge so machen.	☐	☐	☐	☐	☐
2	Meine Lehrer*innen trauen uns Schüler*innen viel zu.	☐	☐	☐	☐	☐
3	Meine Lehrer*innen lassen uns vieles an der Schule ausprobieren.	☐	☐	☐	☐	☐
4	Wenn etwas schiefläuft, ermuntern meine Lehrer*innen, es nochmal zu versuchen und vielleicht ein bisschen anders zu machen.	☐	☐	☐	☐	☐
5	Meine Lehrer*innen ermuntern uns, an der Schule Verantwortung zu übernehmen.	☐	☐	☐	☐	☐
6	Meine Lehrer*innen weisen mich auf Gelegenheiten hin, mich zu engagieren und denken mit mir über Möglichkeiten, die zu mir passen, nach.	☐	☐	☐	☐	☐
7	Meine Lehrer*innen lassen sich auch auf unvorhergesehene Diskussionen ein.	☐	☐	☐	☐	☐
8	Bei Konflikten in der Klasse oder mit Mitschüler*innen versuchen meine Lehrer*innen zu vermitteln und gute Kompromisse zu finden.	☐	☐	☐	☐	☐
9	Meine Lehrer*innen können Meinungen auch sehr kritisch hinterfragen.	☐	☐	☐	☐	☐
10	Meine Lehrer*innen sind daran interessiert, dass ich mir eine eigene, fundierte Meinung bilden kann.	☐	☐	☐	☐	☐
	Etc.	☐	☐	☐	☐	☐

Handlungsfeld 7: Frieden und Sicherheit

Nr.	Item	Stimmt gar nicht – stimmt genau				
1	Meine Lehrer*innen nehmen Streitigkeiten und Konflikte sehr früh wahr und reagieren darauf.,	☐	☐	☐	☐	☐
2	Meine Lehrer*innen reden mit uns über Konflikte und wie sie entstehen.	☐	☐	☐	☐	☐
3	Meine Lehrer*innen zeigen uns, wie man mit Konflikten umgehen und sie überwinden kann.	☐	☐	☐	☐	☐
4	Bei sich anbahnenden Konflikten führen meine Lehrer*innen offene Gespräche mit den Beteiligten.	☐	☐	☐	☐	☐
5	Meine Lehrer*innen stellen Schüler*innen nicht bloß.	☐	☐	☐	☐	☐
6	Meine Lehrer*innen helfen, dass sich Streitende wieder versöhnen.	☐	☐	☐	☐	☐
7	Meine Lehrer*innen sind im Umgang mit den Schüler*innen jederzeit fair und gerecht.	☐	☐	☐	☐	☐
8	Meine Lehrer*innen zeigen uns Schüler*innen, wie man verhandeln und ausgleichen kann.	☐	☐	☐	☐	☐
	Etc.	☐	☐	☐	☐	☐

Handlungsfeld 8: Umwelt/Klima

Nr.	Item	Stimmt gar nicht – stimmt genau				
1	Meine Lehrer*innen verhalten sich in Umweltfragen stets vorbildlich.	☐	☐	☐	☐	☐
2	Meine Lehrer*innen erklären uns, was die Umwelt und das Klima gefährdet.	☐	☐	☐	☐	☐
3	Meine Lehrer*innen machen uns auf umweltschädliches Verhalten aufmerksam.	☐	☐	☐	☐	☐
4	Meine Lehrer*innen führen mit uns immer wieder Aktionen durch, die uns helfen, mit der Umwelt verantwortlich umzugehen.	☐	☐	☐	☐	☐
5	Meine Lehrer*innen setzen sich dafür ein, dass wir in Zukunft in einer guten und gesunden Umwelt leben können.	☐	☐	☐	☐	☐
6	Meine Lehrer*innen erklären uns, warum Tiere wichtig sind und was wir zu ihrem Wohl beitragen können.	☐	☐	☐	☐	☐
	Etc.	☐	☐	☐	☐	☐

Handlungsfeld 9: Wertediskurs

Nr.	Item	Stimmt gar nicht – stimmt genau				
1	Meine Lehrer*innen nehmen sich im Unterricht Zeit für Fragen und Themen, die uns Schüler*innen wichtig sind.	☐	☐	☐	☐	☐
2	Meine Lehrer*innen gehen sehr flexibel auf unsere Anliegen ein.	☐	☐	☐	☐	☐
3	Meine Lehrer*innen hören uns sehr gut zu, wenn wir Anliegen vortragen, Einwände haben oder Vorschläge machen.	☐	☐	☐	☐	☐
4	Meine Lehrer*innen gehen behutsam mit den Ansichten der Schüler*innen um und achten die unterschiedlichen Meinungen.	☐	☐	☐	☐	☐
5	Meine Lehrer*innen sagen klar, was ihre Meinung bei strittigen Themen ist.	☐	☐	☐	☐	☐
6	Meine Lehrer*innen vertreten ihre Meinung, zwingen sie mir aber nicht auf.	☐	☐	☐	☐	☐
7	Meine Lehrer*innen regen mich zum eigenen Nachdenken an.	☐	☐	☐	☐	☐
8	Meine Lehrer*innen freuen sich, wenn es in der Klasse spannende Diskussionen gibt.	☐	☐	☐	☐	☐
9	Gute Ideen werden von meinen Lehrer*innen aufgegriffen und weiterverfolgt.	☐	☐	☐	☐	☐
10	Meine Lehrer*innen decken Unwahrheiten auf.	☐	☐	☐	☐	☐
11	Meine Lehrer*innen helfen, Dinge besser zu verstehen und helfen uns, sehr gründlich zu sein.					
	Etc.					

Die obigen Evaluationsbögen sind als Anregungen zu verstehen. Bei ihrer Anwendung ist darauf zu achten, dass sie je nach Schule und Altersgruppe evtl. sprachlich angepasst werden, gekürzt oder erweitert werden. Da sie sich ausschließlich auf prozessqualitative Facetten von Lehrerhandeln beziehen, ist eine Evaluation zur Akzeptanz und Wirkung von strukturqualitativen Maßnahmen in gewissen Abständen sicher hilfreich. Natürlich können die Fragebögen auch mit anderen Evaluationsvorhaben kombiniert bzw. in solche eingearbeitet werden.

9 Schulen stärkenorientiert führen – Positive Leadership

Nachdem wir im vorausgehenden Kapitel bereits die Bedeutung der Schulleitung für eine werteorientierte Schulentwicklung gestreift haben, geht es im Folgenden darum, wie die Schulleitung selbst wertschätzendes Führungsverhalten praktizieren kann. Wertschätzendes Führungsverhalten der Schulleitung – gemeint sind alle Personen in einer Schule, die Führungsverantwortung wahrnehmen – ist ein unverzichtbares Ziel im Kontext einer werteorientierten Schulentwicklung. Als Beispiel für wertschätzendes Führungsverhalten wird in diesem Kapitel Positive Leadership vorgestellt.

Der Begriff „Positive Leadership" wurde durch Kim Cameron geprägt, einem Wirtschaftsprofessor an der Universität Michigan. Er übertrug die Denkweisen der sogenannten „Positiven Psychologie", einer Psychologie, die sich primär auf die Förderung der Stärken der Menschen konzentriert, auf Unternehmen. Im Zentrum von Positive Leadership steht somit die Potentialentfaltung der in Organisationen tätigen Personen, was ein ausgesprochen wertschätzender Ansatz ist. Positive Leadership ist ein moderner Führungsstil, der bereits in zahlreichen Unternehmen erfolgreich praktiziert wird.

An Schulen ist dieser Führungsstil bisher noch weitgehend unbekannt. Auf diese übertragen bedeutet Positive Leadership, dass sich Schulleitungen der spezifischen Stärken der dort tätigen Lehrer*innen bewusst werden und diese fördern. Das heißt, dass neben einer Fokussierung der Leitung auf das Beheben von Problemen auch die Förderung der Potentiale einer Schule im Zentrum der Schulleitung stehen. Wir möchten in diesem Kapitel konkrete Anregungen dazu geben, Prinzipien von Positive Leadership bei der Führung von Schulen anzuwenden. Es versteht sich als Hilfestellung, dass eine wertorientierte Schulentwicklung gelingen kann. Das Kapitel basiert auf einem Beitrag von Ebner und Götz (2023) zu positive Leadership an Schulen

1. Rahmenbedingungen für die Potentialentfaltung an Schulen

Für Schulleitungen stellt sich die Frage, wie an einer Schule die Strukturen und Prozesse gestaltet sein sollten, damit sich Potentiale entfalten können. Antwort auf diese Frage gibt das sogenannte „PERMA-Modell". Es wurde vor rund zehn Jahren auf der Basis weitreichender Forschung entwickelt und wird heute als Standard für die Potentialentfaltung in Organisationen gesehen. Jeder Buchstabe von PERMA steht für einen der notwendigen Faktoren, die dazu führen, dass Menschen ihr

Potential entfalten können. Im Folgenden werden diese Faktoren allgemein dargestellt – und auf konkrete Beispiele im Schulkontext übertragen.

- **Positive Emotions** (positive Emotionen): Das regelmäßige Erleben positiver Gefühle wie Freude, Stolz, Hoffnung oder Dankbarkeit ist ein wichtiger Faktor für das Wohlbefinden eines jeden Menschen (Götz & Nett 2017). Es geht dabei um Emotionen, die uns stärken und die wir als angenehm erleben. Beispiele an Schulen: Freude am Unterrichten und an der Unterrichtsvorbereitung, Stolz bei positiven Entwicklungen einer Klasse, Hoffnung auf eine gute Lösung bei innerschulischen Problemen (z.B. Mobbing), Dankbarkeit dafür empfinden, einen sicheren Arbeitsplatz zu haben.

- **Engagement** (Engagement; sich einbringen können): Menschen brauchen einen Rahmen, in dem sie sich engagieren und ihre individuellen Stärken entfalten können. Ideal ist, wenn für sie ein adäquates Maß an Herausforderung geschaffen wird, bei dem sie weder unter- noch überfordert sind. In solchen Kontexten kann es dann zu Flow-Erleben kommen, dem Aufgehen in der Tätigkeit. Beispiele an Schulen: individuell adäquate Freiräume für Lehrkräfte, Rahmenlehrpläne statt zu starre Vorgaben, keine Überforderung der Lehrkräfte durch z.B. zu viele/komplexe Aufgaben, keine Unterforderung der Lehrkräfte durch z.B. zu monotone Aufgaben.

- **Relationships** (förderliche Beziehungen): In ein Netzwerk eingebunden zu sein, um sich als Teil davon zu erleben und sich auf andere verlassen zu können, ist eine wichtige Basis, damit Menschen ihr Potential entfalten. Ob Freundschaften, Liebesbeziehungen, ein Arbeitsteam oder die Familie – Menschen brauchen eine Verbundenheit zu anderen. Beispiele an Schulen: Jahrgangsstufenteams, Fachschaften, Supervisions- und Intervisionsgruppen, Exkursionen, Entwicklungsteams, gemeinsame Unternehmungen ohne direkten Arbeitsbezug.

- **Meaning** (erlebte Sinnhaftigkeit): Etwas zu tun, das größer ist als wir selbst und bedeutungsvoll ist – das ist ein Bedürfnis, das Menschen haben, wenn sie von Sinn sprechen. Etwas als sinnvoll zu erleben, ist die Grundlage dafür, sich zu engagieren und dabei eine tiefe Erfüllung zu empfinden. Beispiele an Schulen: Bewusstsein für die große Relevanz einer Schule für individuelle Lebenswege, Bewusstsein der Relevanz einer Schule für die Gesellschaft, erkennen, wo durch die Lehrtätigkeit der Lebensweg eines jungen Menschen nachhaltig positiv beeinflusst wurde.

- **Accomplishment** (Zielerreichung): Hierunter versteht man, bewusst wahrzunehmen, dass Ziele oder auch Teilziele erreicht wurden. Diese Erfahrungen brauchen Menschen, um zu erleben, dass sie der Welt nicht hilflos ausgeliefert sind, sondern einen Einfluss darauf haben, was rund um sie passiert. Nur wenn Menschen die Erfahrung machen, dass Ziele durch ihr eigenes Zutun auch erreichbar werden, machen sie sich auf den Weg. Beispiele für die Schule: Explizites Vorhandensein übergeordneter Ziele einer Schule (z.B. Werteorientierung), Reflexionsphasen zur Einschätzung des Ausmaßes der Zielerreichung, regelmäßiges Feedback auch und gerade zu jenen (Teil-)Bereichen, die gut gelaufen sind.

2. Positive Leadership an Schulen mit PERMA-Lead

Offensichtlich gibt es also Faktoren, die wie Nährstoffe für die menschliche Potentialentfaltung wirken. Wenn also eine Stärkung der PERMA-Faktoren nachweislich die Potentialentfaltung bei Menschen fördert, dann resultiert daraus für gutes Führungsverhalten, dass es die PERMA-Faktoren am Arbeitsplatz positiv beeinflusst. In der aktuellen Praxis ist Führung jedoch häufig nicht auf eine Förderung der PERMA-Faktoren ausgerichtet. Sie ist meist eher defizitorientiert. Wie sehr, wird schon daran deutlich, dass das Feedback, das Mitarbeitende erhalten, oft schwächenorientiert ist – und überwiegend dann erfolgt, wenn etwas nicht passt. Das führt im ungünstigen Fall dazu, dass sich Mitarbeitende ihrer Stärken gar nicht mehr bewusst sind. Was aber bedeuten die PERMA-Faktoren bezogen auf die Führung einer Schule konkret?

PERMA-Lead als Positive Leadership (© Markus Ebner)

P-Lead: Schulleitungen tragen dazu bei, dass sich die Lehrer*innen an der Schule wohlfühlen, zufrieden sind und Freude bei der Arbeit haben

E-Lead: Schulleitungen geben ihren Lehrkräften jenseits des Unterrichtens Aufgaben, die ihren individuellen Stärken entsprechen (z.B. Organisation eines Retreats, Förderung von Selbstregulation an Schulen, Mitarbeit bei organisationalen Aufgaben). Sie helfen ihnen zudem dabei, ihre Stärken auszubauen. Sie unterstützen Lehrkräfte dabei, ihre individuellen Fähigkeiten zu erkennen und gezielt einzusetzen.

R-Lead: Schulleitungen setzen sich dafür ein, dass Lehrkräfte wertschätzend miteinander umgehen und sich gegenseitig unterstützen. Sie tragen dazu bei, dass sich möglichst alle Lehrkräfte als Teil des Teams erleben. Dazu gehört auch das Unterstützen bei der Problemlösung innerhalb des Lehrendenteams.

M-Lead: Schulleitungen tragen dazu bei, dass Lehrer*innen Sinn in ihrer täglichen Arbeit erleben und dass sie sich immer wieder die Wichtigkeit ihrer Arbeit bewusst machen. Sie vermitteln ihren Lehrer*innen, dass sie wertvolle Arbeit leisten.

A-Lead: Schulleitungen freuen sich mit den Lehrkräften, wenn diese Ziele erreicht haben und loben sie dafür. Sie geben ihren Lehrkräften regelmäßig positives Feedback, wenn etwas erreicht wurde.

Zusammenfassend ist PERMA-Lead and Schulen somit konkretes Führungsverhalten, dass dazu beiträgt, die PERMA-Faktoren der Mitarbeiter*innen am Arbeitsplatz günstig zu beeinflussen.

3. PERMA-Lead in der schulischen Praxis

An Schulen ist PERMA-Lead ein noch weitgehend unbekannter Ansatz. Im Wirtschaftsbereich haben jedoch bereits zahlreiche Unternehmen, ihre Führungskultur nach diesem Ansatz ausgerichtet. Die Herausforderung im Hinblick auf die Implementierung von PERMA-Lead an Schulen ist, dass Schulleitungen aufgrund ihrer Sozialisation die beim PERMA-Modell genannten Faktoren häufig nicht als Ziele guter Führung in ihrem Bewusstsein haben. Schulleitungen sowie auch Führungskräfte in anderen Organisationen sehen sich häufig überwiegend in einer Managementrolle (vgl. hierzu auch Baumann/Götz 2022), bei welcher Aspekte wie Organisieren, Strukturieren und ähnliche Aufgaben im Vordergrund stehen. Dabei kommt der Leadership-Aspekt oft zu kurz. Management fokussiert auf die Rahmenbedingungen, Leadership auf die Menschen innerhalb dieses Rahmens. Beide Aspekte sind notwendig und sollten im optimalen Fall gleichwertig betrachtet werden. Das PERMA-Lead Konzept kann eine gute Orientierungshilfe für

Schulleitungen geben, um die Potentialentfaltung der Lehrkräfte günstig zu beeinflussen. Aus diesen fünf PERMA-Faktoren lassen sich recht klare Empfehlungen für die Leitungsfunktion – und übrigens auch viele Anregungen für das Miteinander der Kolleg*innen – in Schulen ableiten:

PERMA-Lead Faktor	Praktische Anregungen für Schulleitungen
Positive Emotions	• Externes Lob (z.B. von Eltern) weitergeben • In schwierigen Situationen den Fokus auch auf das richten, was funktioniert
Engagement	• Verantwortung übergeben – auch außerhalb der Jobbeschreibung • Vermitteln, dass auch Neues ausprobiert werden darf – und dabei Fehler passieren können • Selbstwirksamkeitserfahrungen durch Aufzeigen von Gestaltungspielräumen stärken
Relationships	• Zeiten und Orte zu haben, in den unstrukturiert geplaudert werden darf und soll • Als Schulleitung proaktiv Probleme zwischen Lehrkräften ansprechen und bei der Lösung unterstützen
Meaning	• Ziele gemeinsam erarbeiten, um sicherzustellen, dass sie für Lehrkräfte Sinn ergeben • Durch aktives Nachfragen erkunden, ob Lehrkräfte bei Teilen ihrer Tätigkeit die Sinnhaftigkeit nicht nachvollziehen können
Accomplishment	• Lehrkräften immer wieder aufzeigen, welche (Teil-)Ziele durch ihre Beiträge erreicht werden konnten • Gemeinsame Ziele mit den schulischen Gremien (Elternbeirat, Schulgemeinschaftsausschuss, etc.) formulieren • Persönliche Wachstumsziele (und nicht nur Leistungsziele) mit Lehrkräften definieren und sie im Hinblick auf deren Erreichung unterstützen

4. Wirkung von PERMA-Lead an Schulen

Da PERMA-Lead an Schulen bisher explizit kaum implementiert wurde, mangelt es aktuell noch an Studien zur Analyse von dessen Wirksamkeit. Jedoch lässt sich auf der Basis von Studien in anderen Einrichtungen zumindest vorsichtig darauf schließen, dass auch an Schulen positive Wirkungen dieses Führungsstils auf Lehrkräfte, die Qualität der Schule an sich, aber auch auf die Schulleitungen selbst anzunehmen sind. Mit diesem Beitrag möchten wir dazu anregen, dass Schulleitungen PERMA-Lead an Schulen erproben und evaluieren.

Was die genannten Studien im nicht-schulischen Kontext anbelangt, so konnte belegt werden, dass Mitarbeiter*innen, die von einem Positive Leader geführt werden, deutlich weniger Stresssymptome zeigen und eine messbar geringere Burnout-Gefährdung haben. Die gleichen Effekte zeigten sich auch bei einer ganz aktuellen Replikationsstudie, die sich mit Positive Leadership und Burnout-Gefährdung bei Krankenhauspersonal sowie bei der Polizei beschäftigt hat. Die präventive Wirkung von Positive Leadership in Bezug auf die Burnout-Gefährdung zeigte sich nicht nur für das Personal, sondern auch für die Führungskraft selbst. Aber es gibt noch weitere Vorteile für die Führungskräfte: Diejenigen, deren Führungsstil von Positive Leadership geprägt ist, sind widerstandsfähiger, gehen mit stressigen Situationen lockerer um, kommen nach beruflichen Rückschlägen schneller wieder auf die Beine und bewahren auch in schwierigen Situationen mehr Ruhe. Kurzum: Sie sind resilienter.

Führungskultur an Schulen ist noch immer stark vom Prinzip der Defizitorientierung geprägt. „Nicht geschimpft ist genug gelobt" scheint oft ein gelebter Führungsstandard an Schulen zu sein. Moderne Führung sollte jedoch vom Gedanken der Potentialförderung geprägt sein, also vom Schaffen eines Nährbodens, der zur positiven Entfaltung der Lehrkräfte und auch allen anderen Mitarbeiter*innen an Schulen führt. Die Schule als Expert*innenorganisation verlangt einen spezifischen Umgang mit ihren Mitarbeiter*innen. Dabei ist für die Leitung relevant, dass der Expertise dementsprechend Freiraum gegeben wird und die handelnden Personen als Expert*innen respektiert werden.

Wenn Schulleitungen mit Positive Leadership aktiv dazu beitragen, dass sich das Potential ihrer Expert*innen, also ihrer Lehrkräfte, entfalten kann, hat das weitreichende und nachhaltige positive Effekte auf Schulen: auf die Organisation an sich, auf Lehrkräfte und weitere Mitarbeiter*innen, die Schulleitung selbst – und selbstverständlich auf die primäre Zielgruppe der Schulen, die Schüler*innen. Und es trägt im Hinblick auf die Werteorientierung zur Konsistenz bei und macht die werteorientierte Schulentwicklung authentisch.

10 Werteorientierung und Wertebildung: Die Kultur einer offenen Schule

Nach den eher analytischen Untersuchungen in den vorhergehenden Kapiteln wollen wir in diesem Kapitel einen etwas anderen Blick auf die werteorientierte Schule werfen. Was wir in den verschiedenen Handlungsfeldern struktur- und prozessqualitativ beschrieben haben, läuft – als Ganzes betrachtet – auf eine bestimmte Kultur von Schule hinaus. Diese Schulkultur kann man als Kultur der Offenheit bezeichnen. Mit einem Blick auf diese Kultur der Offenheit wollen wir noch einmal einen anderen Zugang zum Thema eröffnen und zeigen, welche Bedeutung das Zusammenspiel der beschriebenen Strukturen auf der einen und der Facetten des werteorientierten Handelns der Lehrer*innen auf der anderen Seite hat. Auf dem Weg zu einer Schule, die der Werteorientierung einen hohen Stellenwert zumisst, lohnt es, nicht nur die vielen möglichen Baustellen zu sehen, sondern – gerade auch angesichts der Baustellen und vielleicht auch gelegentlicher Rückschläge – auch die Strahlkraft des Ganzen, wie es sich im Idealfall darstellen kann, vor Augen zu haben. Die Entfaltung der Kultur der offenen Schule geschieht in Anlehnung an Baumann/Götz 2021.

10.1 Die offene Gesellschaft im Sinne Karl Poppers

Für unser Verständnis der offenen Schule kommt dem Anliegen Karl Poppers im Hinblick auf die offene Gesellschaft zentrale Bedeutung zu. 1945 erschienen zunächst auf Englisch die beiden Bände „Die offene Gesellschaft und ihre Feinde“. Mit einer offenen Gesellschaft ist eine demokratische Gesellschaft gemeint, die durchaus dynamisch und zukunftsoffen gedacht ist. Maßgeblich ist der in der Gesellschaft stattfindende Diskurs. Die Grundrechte, insbesondere die Meinungs-, Vereinigungs- und Versammlungsfreiheit und religiöse Neutralität sind von zentraler Bedeutung. Poppers offene Gesellschaft – er schrieb sein Werk in den 40er Jahren des letzten Jahrhunderts im neuseeländischen Exil – ist nicht nur ein Gegenentwurf zur geschlossenen mittelalterlichen Gesellschaft (und zu damaligen umfassenden Meinungsmacht der Kirche), sondern auch zu historizistischen Ansätzen, die von einer Gesetzmäßigkeit der Geschichte ausgehen, wie er sie bei Platon, Hegel und Marx nachweist und wie sie ideologische und totalitaristische Ansätze – zu Poppers Zeiten war das der Nationalsozialismus – für sich immer wieder beanspruchen.

Als zentrale Leitlinien einer offenen Gesellschaft kann man vier ineinander verwobene, sich ergänzende Ansätze ausmachen:

a) **Die offene Gesellschaft ist aufklärerisch**. Das Projekt Aufklärung – heute wieder einmal schmerzlich erfahrbar – ist keineswegs abgeschlossen und vermutlich auch ein immerwährendes Projekt. Aufklärung zielt nicht auf den unbedingten Vernunftgebrauch aller Bürger*innen (wie Rousseau sich das vielleicht vorstellte), sondern auf eine dem Menschen dienende, durchaus rational-diskursiv begründbare und nachvollziehbare Weiterentwicklung der Gestaltung des Zusammenlebens, wie sie in den unterschiedlichen Formen der Demokratie mehr oder weniger Standard ist oder sein sollte. Nach Popper (1992, S. 7) macht die Demokratie die Anwendung der Vernunft auf Fragen der Politik und damit Reformen ohne Gewaltanwendung möglich. Auch die Formen der gemeinsamen Verständigung (argumentativer Diskurs, kritisches Denken, Wahrheitsfindung, Kompromissbildung etc.) gehören zum Projekt der Aufklärung. Für die Schulen bedeutet das, dass sie gerade angesichts der Herausforderungen der heutigen Zeit (vgl. Kap. 2) nicht nur daran festhalten, dazu beizutragen, jede und jeden in die Lage zu versetzen, sich seines eigenen Verstandes zu bedienen, sondern auch die dafür notwendigen Basiskompetenzen (z. B. um Objektivität bemühte Informationskompetenz) in einer komplexen und unübersichtlichen Zeit zu vermitteln. Und natürlich die Grundhaltung, dass die Gemeinsamkeit des Menschlichen (und die daraus abgeleiteten Grundwerte, allen voran die Würde des Menschen, vgl. Kap. 4) uns alle (ver-) bindet und allen anderen Unterscheidungen vorgeordnet ist.

b) **Die offene Gesellschaft ist pluralistisch**. Eine offene Gesellschaft kann gar nicht anders als pluralistisch gedacht werden. Das bedeutet eine bunte, teilweise unübersichtliche Meinungsvielfalt und die Konkurrenz unterschiedlichster Interessen, die im Prozess der demokratischen Willensbildung aggregiert und ausgehandelt werden müssen. Das ist mühsam, aufwändig, geht keineswegs reibungslos; es ist auch immer wieder skandalträchtig. Es führt zu Parteienvielfalt. Immer besteht die Gefahr von Parteien- und Politikverdrossenheit. Dennoch ist der Pluralismus ein hohes Gut, ihn politisch zu gestalten eine hohe Kunst, die nicht immer befriedigend gelingt. Und auch hier gilt, dass sich unsere Zeit durch die Individualisierungsmöglichkeiten, die der gewachsene Wohlstand und die neuen Medien mit sich bringen, und die daraus erwachsenden Ansprüche und Haltungen deutlich von früheren Jahren unterscheidet. Mit zunehmender Globalisierung und Migration (Arbeitsmigration, Flucht) erweitert sich die Pluralität der Gesellschaft und stellt sie vor neue Herausforderungen. Für die Schule bedeutet das, die Werteorientierung und die Demokratieerziehung sehr ernst zu nehmen. Formate des sich Artikulierens (Voice – eine Stimme haben), des Zuhörens, des selbstbestimmten Arbeitens im Unterricht (Choice), der Kompromissfindung brauchen Zeit und wiederholende Einübung. Dass gefundene Kompromisse zu akzeptieren sind, dass jede Gemeinschaft ein Maß an Solidarität voraussetzt, muss ebenfalls immer wieder in der schulischen Basisgemeinschaft, der Klasse, eingeübt werden.

c) **Die offene Gesellschaft ist tolerant.** Kann man den Pluralismus und die Vielfalt einerseits als Bereicherung, als Buntheit erleben und auch so (manchmal etwas euphemistisch) etikettieren, so ist die Kehrseite weitaus problematischer. Vielfalt ist nicht nur per se bereichernd (fremdes Essen, Musik, Reiz des Exotischen sozusagen vor der Haustüre), sondern auch befremdend, manchmal bedrückend (Essgewohnheiten, Essenszubereitung, Dominanz fremder Sprachen z. B. in der S-Bahn, Konversationsstile, Kleidung bis hin zum Kopftuch oder zum Burkini, religiöse Praktiken oder Räume). Man muss sich nicht zwingen, all das als bereichernd oder schön zu empfinden. Vielfalt erfordert eben auch ein hohes Maß an Toleranz. Wo immer Menschen zusammenleben, werden Unterschiede nicht nur als positiv empfunden und gibt es Dinge – z. B. in der Nachbarschaft – die man (und sei es nur um des lieben Friedens willen) ertragen muss. Grundsätzlich sind Schulen, insbesondere Klassengemeinschaften (die ja Zweck- und vor allem Zwangsgemeinschaften sind) ein Lernfeld par excellence im Hinblick auf Toleranz, übrigens im Rahmen der Sozialisationsfunktion (Baumann/Götz 2021) der Schule. Diese Prozesse laufen weitgehend unbewusst ab, können aber durchaus auch in einem gewissen Umfang gestaltet und insbesondere auch bewusst gemacht werden.

d) **Die offene Gesellschaft ist intolerant gegenüber Intoleranz**. Die Grenzen der Toleranz (das sog. Toleranzparadoxon) sind dort erreicht, wo die freiheitlich demokratische Grundordnung bewusst oder unbewusst (bei Jugendlichen: aus Unwissenheit) in Frage gestellt und der Grundsatz der unteilbaren Menschenwürde geleugnet wird und man sich mit nachhaltiger Intoleranz konfrontiert sieht. Diese Form der Intoleranz gegen Intoleranz dient dem Schutz des dauerhaften Erhalts der freiheitlich-demokratischen Grundordnung und der auf dieser Grundlage erreichten Errungenschaften (Grundrechte, Menschenrechte, Gewaltenteilung, Unabhängigkeit der Justiz, Freiheit der Presse), die auch weder in der Sache noch dem Geist nach – und auch nicht schleichend (das ist besonders gefährlich, weil schwer wahrnehmbar) – ausgehöhlt werden dürfen. Hierbei ist es gleichgültig, ob die Infragestellung der freiheitlich-demokratischen Grundordnung von extrem Links, extrem Rechts oder von religiös-fundamantalistischer oder sonstiger Seite erfolgt. Neben der politischen Dimension gilt es in diesem Zusammenhang besonders wachsam zu sein im Hinblick auf das Freiheits- und Selbstbestimmungsrecht (Zwangsverheiratung, Verletzung der religiösen Selbstbestimmung etc.). Auch die Herausbildung von Parallelgesellschaften (Anwendung von islamischem Recht, Reichsbürger) gehört in diesen Zusammenhang. Für die Schulen ergibt sich hieraus die Notwendigkeit, vor allem in den höheren Klassen im Rahmen des Politikunterrichts der proaktiven und durchaus forcierten Selbstvermittlung der konstituierenden Grundpfeiler unserer Gesellschaft durch das Führen entsprechender Diskurse. Zu fordern wäre darüber hinaus ein für alle Schüler*innen verpflichtender und durchgängiger Ethik-Unterricht, der auf der Basis der im Grundgesetz niedergelegten Grundwerte stattfindet und alle Schüler*innen und Gruppierungen sozusagen in einen gemeinsamen Dialog bringt. Mit Sorge ist zu sehen, dass religiöse Interessengemeinschaften eigene Privatschulen gründen und dass z. B. auf eine bestimmte Glaubensrichtung bezogener Religionsunterricht von der Teilnahme am Ethikunterricht entbindet.

10.2 Dimensionen der Kultur einer offenen Schule

Wir versuchen im Folgenden, den Ansatz Karl Poppers – das Ideal der offenen Gesellschaft – pädagogisch und im Hinblick auf die Schule und ihre Möglichkeiten zu entfalten. Dabei gehen wir davon aus, dass zwischen den einzelnen Dimensionen einer offenen Schule ein essentieller Zusammenhang besteht und diese Dimensionen also nicht rein additiv verstanden werden dürfen. Wirkliche Offenheit ist ganzheitlich, umfassend, nicht teilbar. Wenn eine Dimension zur anderen hinzukommt, verstärkt sie diese und macht das gesamte Bemühen glaubhaft. Hierbei bewegen sich die einzelnen Dimensionen der Offenheit durchaus auf sehr unterschiedlichen Ebenen. Wenn man so möchte, geht es mit dem Ideal der Kultur einer Offenen Schule darum, den Ansatz der Offenen Gesellschaft pädagogisch durchzudeklinieren. Das soll im Folgenden anhand von sieben Merkmalen einer Schulkultur der Offenheit geschehen.

10.2.1 Offenheit für ein breites Spektrum unterschiedlicher Schüler*innen

Pflegt eine Schule eine Kultur der Offenheit, ist das in der Regel schon mit dem Betreten der Schule wahrnehmbar. Foyer und Flure wirken ansprechend und attraktiv. Man wird zum Anschauen – Schüler*innenarbeiten an den Wänden, Bilder von hoch interessanten Projekten aus dem Unterricht an Stellwänden etc. – aufgefordert. Die Schule macht trotz einer unglaublichen Vielfalt nicht nur einen sehr lebendigen Eindruck, sondern wirkt gepflegt und sehr sauber. In der Pause geht es durchaus laut und lebhaft zu. Lehrer*innen und Schüler*innen grüßen sich häufig im Vorbeigehen. Als Schulfremde*r wird man wahrgenommen und gefragt, wen man suche. Der erste Eindruck wirkt wie die Visitenkarte einer Schule mit Willkommenskultur. An einer offenen Schule sind tatsächlich auch alle Schüler*innen unterschiedlichster Prägung und Herkunft willkommen – und die Schüler*innen spüren und erfahren das. Entsprechend bunt setzt sich die Schüler*innenschaft zusammen.

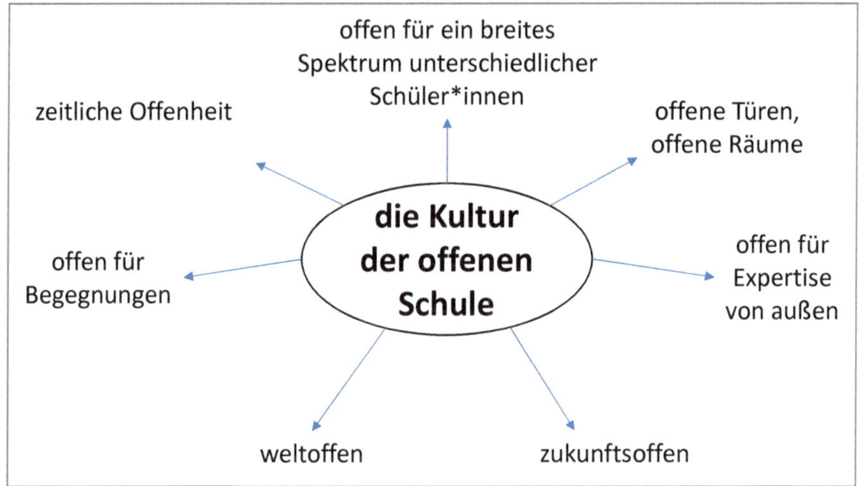

- **Offenheit und Sorgfalt für Schüler*innen mit Migrationshintergrund und für kulturelle Vielfalt.** Der Ansatz der Kultur der offenen Schule konkretisiert sich in der Offenheit für Schüler*innen in ihrer Vielfalt, insbesondere im Hinblick auf Schüler*innen mit Migrationshintergrund. Offene Schulen sind integrativ. Dabei ist Integration alles andere als ein Selbstläufer. Häufig gilt es besondere Sorgfalt und Mühe aufzuwenden, um Defizite (z. B. sprachlicher oder kultureller Art) zu kompensieren, etwa durch gezielte Sprach- oder Förderkurse. Auch die Wertschätzung des Fremden, der Herkunftssprache und der Herkunftskultur und der Religion gilt es dabei zu achten; Austausch- und Begegnungsmöglichkeiten, gemeinsame Aktivitäten (von Theater über Sport bis zum Kochen) sind hier angezeigt. Die Integration der Schüler*innen wird durch eine diesbezüglich aktive Elternarbeit unterstützt, die auch die Eltern mit der Schule und ihrer Arbeit vertraut zu machen versucht und danach strebt, das Vertrauen der Eltern zu gewinnen. Neben strukturellen Angeboten kommt es auf die Bereitschaft der Kolleg*innen an, die Inklusion zu ihrer Sache zu machen, sich um einzelne Schüler*innen zu kümmern, sie in entsprechende Strukturen zu bringen und Vertrauen aufzubauen.

- **Höchstmaß an individueller Förderung auch bei unterschiedlicher Begabung und unterschiedlichem Leistungsvermögen.** Auch der Unterschiedlichkeit der Schüler*innen im Hinblick auf Leistungsvermögen, Begabung und Interesse trägt eine offene Schule Rechnung. Das kann auf unterschiedlichste Art und Weise geschehen. Formen des offenen Lernens, des personalisierten Lernens, des Lernens mit Kompetenzrastern, der individuell adaptiven Lernunterstützung in Lernlandschaften oder Lernateliers sind hier neben Fördergruppen die Schlüsselbegriffe. Schulen sind kein Selbstzweck, die an den Schüler*innen vorbei ein Ideal von Schule einzuholen versuchen (etwa das Ideal einer extrem leistungsorientierten Schule, die mit zahlreichen Abschulungen einhergeht), sondern allen ihren Schüler*innen als Menschen auf dem Weg ins Leben verpflichtet.

- **Bereitschaft zur Inklusion.** Selbstverständlich ist eine offene Schule eine inklusive Schule. Unbefangenheit im Umgang mit Menschen mit Behinderung – das ist die eine Seite der Inklusion – kann im Kindergarten grundgelegt und in der Schule fortgeführt und vertieft gelernt werden. Die andere Seite besteht in der Gewährleistung von optimalen Entwicklungsbedingungen durch gezielte Förderung und Begleitung für die Menschen mit Behinderung. Beide Aspekte werden in einer offenen und inklusiven Schule gesehen und praktiziert. Allerdings kann Inklusion – und insofern ist im Einzelfall sorgfältig zu prüfen – auch sehr teuer sein. Wollen allein reicht nicht aus, man muss auch können. Dies bezieht sich – ungeachtet des Inklusionsgedankens – auf den Aspekt der bestmöglichen Förderung im Hinblick auf die vorliegende Behinderung. Eine Inklusion, die zwar Barrieren zwischen Menschen mit und ohne Behinderung abbaut, aber keine individuelle und fachlich fundierte Förderung leisten kann, ist im Zweifelsfall abzulehnen. Allerdings setzt sich die offene Schule mit Leidenschaft dafür ein, dass Inklusion auf hohem Niveau erfolgreich praktiziert wird.

- **Vermeidung geschlechtsspezifischer Stereotypen.** Noch immer spielen an den Schulen geschlechtsspezifische Stereotypen eine meist unbewusste, in der Regel sogar ungewollte, aber reale Rolle. Dies manifestiert sich häufig im Bereich der MINT-Fächer. Trotz nachgewiesener gleicher Begabung im mathematisch-naturwissenschaftlichen Bereich wird in der Unterrichtspraxis häufig den Jungen mehr zugetraut und das Unterrichtsgespräch verstärkt mit den Jungen geführt, was nicht nur eine Benachteiligung der Mädchen ist, sondern bei diesen oft auch zu Autostereotypen führt, also der Übernahme des Musters, dass Jungen im MINT-Bereich einfach besser seien. Zur Kultur der offenen Schule gehört es, auch diese ungerechtfertigte und sehr verborgen wirkende Ungleichbehandlung zu überwinden und die Selbstwirksamkeit aller Schüler*innen zu stärken.

- **Akzeptanz von sexueller und geschlechtlicher Diversity.** Jugendliche stehen vor der Herausforderung , auch ihre sexuelle und geschlechtliche Identität auszubilden (vgl. Kap. 6). Das geht nicht immer ohne Friktionen und entspricht auch nicht immer den traditionellen Erwartungen großer Teile der Gesellschaft. Eine Kultur der Offenheit akzeptiert sie sexuelle Orientierung und geschlechtliche Identifikation von Jugendlichen und ist offen für die sexuelle Diversität (homo, trans, queer, nonbinary). Die offene Schule nimmt Jugendliche in ihrem persönlichen Entwicklungsprozess ernst und begleitet sie wohlwollend und wertschätzend. Offene Schule macht darüber hinaus ein Angebot (Informationen, Diskussionen, Hinweise auf entsprechende Einrichtungen und Events), das bei der Entwicklung aktiv unterstützt.

10.2.2 Zeitliche Offenheit

- **Ganztagskonzept mit individuellen Angeboten.** Ein weiterer Aspekt der Offenheit der Schule ist auf den ersten Blick ein zeitlicher. Zum einen geht es um die Öffnungszeiten, konkret um die Frage, wie lange die Schule am Nachmittag geöffnet ist und den Schüler*innen, aber auch den Lehrkräften Raum und damit Gelegenheit zur Verfügung stellt, sich zu treffen, zu lernen, zu arbeiten. Eine Schule, die sozusagen nach dem Pflichtteil des Unterrichts gleich wieder ihre Türen schließt, strahlt wenig Offenheit aus und verzichtet auf viele Chancen das Miteinanders der Schüler*innen und darauf, ihre Entwicklung zu fördern. Schulen mit guten Ganztagskonzepten leisten (ohne das hier näher auszuführen, vgl. Baumann 2012, S.91f) einen wichtigen Beitrag in den Bereichen Chancengerechtigkeit und Integration.

- **Flexibler Unterrichtsbeginn.** Im Zuge eines Konzepts der Offenheit kann auch über einen flexibel gestalteten Unterrichtsbeginn nachgedacht werden, der im Hinblick auf individuelle Bedürfnisse der Schüler*innen und für Differenzierungsmöglichkeiten konstruktiv genutzt werden kann.

- **Frei-Tag.** Nicht nur den Unterrichtsbeginn kann man flexibilisieren. Auch die Präsenz der Schüler*innen – insbesondere etwa ab Klasse 9 oder 10 – kann weiterentwickelt werden. Eine offene Schule kann an einem Tag in der Woche einen Frei-Tag vorsehen. Der kann von den Schüler*innen unterschiedlich genutzt werden. In erster Linie für eigenverantwortliches häusliches Arbeiten an größeren Projekten. Aber auch für soziale oder berufsorientierende Praktika.

10.2.3 Öffnung von Türen und Räumen

- **Pädagogik der offenen und vielfältig nutzbaren Räume.** Die Raumarchitektur der Schulen folgt nicht nur funktionalen Gesichtspunkten (und die sind heute bereits anders als noch vor 100 Jahren, als das herkömmliche Klassenzimmer als Lehr- und Lernraum festgeschrieben und das Maß aller Dinge wurde), sondern hat auch eine symbolische Sprache, die geeignet ist, eben dies zu zementieren, zum unhinterfragt Selbstverständlichen zu machen und damit von Generation zu Generation weiterzugeben. Schule und Klassenzimmer gehören infolgedessen beinahe wie logisch zusammen. Und im Klassenzimmer die immer noch sehr weit verbreitete Sitzordnung in Reihen. Vermutlich ist der Sozialisationsgehalt des Klassenzimmers sehr weitreichend. Nur mühsam setzen sich auch offenere Räume – beginnend mit offenen Türen – für das Arbeiten, Lernen und Leben in der Schule durch.

- **Einbeziehung von Formen des offenen Unterrichts.** Offenere Räume – und hier geht es nicht nur um Glas oder offene Türen – flexibilisieren das Lernen, machen unterschiedliche Arbeitsformen an unterschiedlichen, auch funktional unterschiedlich gestalteten Stationen möglich und können es einerseits personengerechter, andererseits auch dem zu Lernenden entsprechender (materialgerechter) darstellen, also Lernen besser ermöglichen. Offenes Lernen kann in einer vielfältigen und differenzierten Lernlandschaft besser gelingen.

- **Transparenz von Lehren und Lernen.** Aber es geht nicht nur um eine neue Architektur. Insbesondere das Lernen, aber auch das Lehren müssen reflektierter geschehen, sorgfältiger wahrgenommen und nicht nur transparent, sondern – um mit Hattie (Hattie 2013 und Hattie 2014) zu sprechen – vor allem sichtbar gemacht werden.

- **Offene, vertrauensvolle Kommunikation.** Den offenen Räumen, der Sichtbarkeit von Lernen und Lehren muss eine offene, auf der Grundlage von Vertrauen und Wertschätzung geprägte Kommunikation entsprechen. Schule muss versuchen im Leben der Heranwachsenden vorwegnehmend anzubahnen, dass Kommunikation grundsätzlich zwischen allen Menschen auf Augenhöhe stattfindet.

- **Bedürfnisorientierte Räume.** Zur Kultur der offenen Schule gehört aber auch, dass sie den Schüler*innen nicht nur auf Lernen und Leistung optimierte Räume bietet, sondern – im Sinne einer Ganztagskonzeption – auch räumliche Angebote macht, die den Bedürfnissen und Neigungen der Kinder und Jugendlichen entsprechen. Offene Schulen laden auch durch ihr Raumangebot zum Verweilen ein. Rückzugs- und Begegnungsräume, Bewegungsmöglichkeiten und Räume für Sport und Spiele gehören hier her.

10.2.4 Offenheit für Expertise von außen

- **Öffnung der Schule.** Schulen neigen dazu, geschlossene Systeme zu sein. Ein Stück weit ist das berechtigt, sollen sie doch ein Schutzraum für Heranwachsende sein. Das darf aber nicht dazu führen, dass die schulische Wirklichkeit den Kontakt zur realen Welt mehr oder weniger verliert und eine eigene Parallelwelt mit eigenen Gesetzmäßigkeiten wird. Offenheit tut Not, da die Lehrer*innen durchaus eine Art berufliche Sonderstellung (Beamt*innenstatus, höchste Berufssicherheit, lineare Berufslaufbahn ohne Disruptionen etc.) innehaben. Auch der Bildungsplan ist eher an einem historisch gewachsenen Kanon orientiert und kann nicht immer die Dynamik der gesellschaftlichen und arbeitsweltlichen Veränderungen und Entwicklungen abbilden.

- **Gewinnung von Fachkräften, Expert*innen.** Eine Schule, in der eine Kultur der Offenheit gelebt wird, öffnet sich auch nach außen, was grundsätzlich in zwei Richtungen geschehen kann: Zum einen lohnt es, mit Schüler*innen immer wieder aus der Schule hinauszugehen und Lebens- und vor allem Berufswelten kennen zu lernen. Zum anderen kann man Expertise in die Schule hereinholen, indem man Expert*innen, Fachkräfte aus unterschiedlichsten Bereichen (Politik, Ökonomie, Ökologie, Geographie, Kunst, Musik, Theater etc.) zu sehr unterschiedlichen Anlässen und in verschiedenen Formaten an die Schule holt.

- **Exkursionen, Studienfahrten, Praktika.** Zum Hinausgehen aus der Schule gehören insbesondere auch Exkursionen, Studienfahrten, Praktika, ein vielfältiger Bereich, dessen Bedeutung – nicht unbedingt nur für das fachliche Lernen –, aber für die Horizonterweiterung und Interessenausbildung der Schüler*innen nicht unterschätzt werden darf. Er hat durch das hohe Maß an Sinnhaftigkeit auch einen starken motivationalen Charakter für das schulische Lernen insgesamt. Dass Fachkräfte – egal ob außerhalb oder in der Schule erlebt – auch über ein ganz anderes Maß an Authentizität verfügen, kommt verstärkend hinzu.

10.2.5 Offenheit für Begegnungen

- **Vernetzung mit Kommune und Region.** Schulen sind in unterschiedlicher Weise – je nach Schulart, je nach Struktur des Einzugsgebietes – in der Region vernetzt. Gleichwohl gilt, dass in den meisten Fällen eine stärkere Verankerung in der Kommune, im Stadtteil, der Region denkbar wäre. Schulen sollten nicht ein vom Standort weitestgehend unabhängiger und am Standort der Kommune uninteressierter Anbieter von Bildung (die oft inhaltlich auch nichts mit der Region zu tun hat) sein, sondern auch die Möglichkeiten der Regionalität, des Ortes, der Kommune nutzen und diese selbst erweitern. Das kann auf der Basis einer grundsätzlichen Einstellung der Offenheit auf vielfältige Weise geschehen.

- **Öffnung der Schule als Ort der Begegnung im Rahmen von Ausstellungen, Vorträgen und sonstigen Veranstaltungen.** Schulen, die sich gerne als offen verstehen, haben hier zahlreiche Möglichkeiten. Sie können Orte der Kommunikation sein und interessante Angebote machen. Zu Veranstaltungen der Schulgemeinschaft (Theater, Konzerte) kann man öffentlich einladen. Schulen können Podiumsdiskussionen veranstalten, Vorträge oder Vortragsreihen. Auch Ausstellungen sind u. U. in Räumen der Schule denkbar. Damit kann eine Schule durchaus auch ihren Schüler*innen Entfaltungsmöglichkeiten in bestimmten Verantwortungsbereichen (Organisation, Bewirtung) oder gar eine Plattform für Darbietungen (Fachvortrag, Theater, Musik) eröffnen. Damit vermittelt sich eine Schule in die Region, wird wahrgenommen, transparent. Bildung erhält somit Beachtung und Wertschätzung.

- **Wertschätzende Kultur des Sich-Begegnens.** Wenn sich damit einhergehend eine Kultur der Wertschätzung etabliert, die auch die Schüler*innen einbezieht und von ihnen mitgetragen wird (sie sind ja u. U. auf der Anbieterseite), gibt das der Schule einen wichtigen Realbezug.

10.2.6 Weltoffenheit

- **In Wertschätzung von Heimat und Region offen für kulturelle Vielfalt.** Die weltoffene Schule sollte eine in der heimischen Region verankerte Schule sein. Dass die Weltoffenheit an den Schulen ein großes und vermutlich an Bedeutung gewinnendes Thema wird, steht angesichts der globalen Entwicklung und der weltweiten, medialen Vernetzung außer Frage. Weltoffenheit ist nicht nur eine persönliche Bereicherung, sondern erleichtert auch die beruflichen Perspektiven und Aufstiegsmöglichkeiten der Schüler*innen. Kulturelle Vielfalt kann man heute in jeder größeren Stadt erleben, aber auch, wenn man sich auf Reisen begibt. Die Wertschätzung des Anderen kann aber umso besser gelingen, je mehr man selbst geerdet ist, seine eigene Tradition, Herkunft und Geschichte kennt. Für die (weiterführenden) Schulen – die sich in ihrem Kerngeschäft an Bildungsplänen mit wenig Regionalbezug orientieren und deren akademische Lehrer*innenschaft aus nachvollziehbaren Gründen vielfach wenig in der Kommune und ihrem Brauchtum (Karneval/Fasnacht; Dialekt, Musik, Trachten etc.) verankert ist – stellt das durchaus eine Herausforderung dar. Die Pflege der Regionalität (Landschaft, Brauchtum, Kommunalpolitik etc.) und die Verwurzelung in der Region sollten in den Schulen mit Sorgfalt wahrgenommen werden.

- **Einsatz für Völkerverständigung.** ‚Dem Frieden der Welt zu dienen' wird – auf dem Hintergrund der von Deutschland ausgegangenen Schrecken und damit angesichts der besonderen historischen Herausforderung – in der Präambel des Grundgesetzes (23. Mai 1949) als zukünftige Aufgabe Deutschlands gesehen. Ein sehr vornehmes und erstrebenswertes Ziel.

- **Pflege internationaler Begegnungen und von Austauschen in Europa und weltweit.** Diese Verpflichtung zur Völkerverständigung kann in einer Schule natürlich auf vielfältige Weise eingeholt werden. Schulen können – angebahnt z. T. durch einen lebendigen Fremdsprachenunterricht mit vielfältigen landeskundlichen Elementen – die Grundlagen für Völkerverständigung legen. So können Austausche in Europa oder weltweit durchgeführt oder gefördert werden. Schulen können an internationalen Programmen der EU oder des Bundestages teilnehmen. Immer wieder gibt es Anfragen zur Aufnahme von Gastschüler*innen. Aber auch online sind mittlerweile viele internationale Projekte denkbar. So können einzelne Schüler*innen oder auch ganze Klassen aus mehreren Ländern an einem gemeinsamen Thema arbeiten und sich darüber austauschen. Auch das Zusammenschalten von zwei Klassen aus zwei verschiedenen Ländern etwa zu einer Diskussion im Geschichts- oder Politikunterricht – durch den vorausgehenden Fachunterricht gut vorbereitet – ist inzwischen technisch kein Problem mehr.

- **Die offene Schule ist antirassistisch.** Rassismus in seinen offenen und versteckten Formen ist eine die grundsätzliche Gleichheit aller Menschen leugnende Ideologie, die in der Praxis auf unterschiedliche Weise ausgrenzend, diskriminierend und damit oft auch die Chancengleichheit verhindernd wirkt. In den Schulen kommt es nicht nur darauf an, rassistischem Denken zu begegnen, sondern auch – teilweise kompensativ – im Zuge von aktiver Integration evtl. vorhandene Benachteiligungen oder Beeinträchtigungen der Chancengleichheit auszugleichen. Hierzu gehört eine besonders sorgfältige Wahrnehmung und Förderung etwa von Schüler*innen mit Migrationshintergrund, hierzu gehören aber u. U. auch besondere Förderprogramme.

10.2.7 Zukunftsoffenheit

- **Neugierig auf das, was kommt.** Eine der vornehmsten Aufgaben der Schule ist, dass sie neugierig macht auf die Zukunft. Alles fachliche Lernen an der Schule sollte vom Motiv der Neugier – wie geht das weiter, was bedeutet das für Morgen? – durchzogen sein. Das ist ein wichtiger Teil der Zukunftsoffenheit. Schulen bereiten für die Zukunft vor, die freilich immer ungewiss ist und nicht per se besser.

- **Weitsichtig.** Konkret bedeutet das, dass Schulen weitsichtig sein müssen, was aus unterschiedlichen Gründen leichter gesagt als getan ist. Die Zukunft ragt ja weniger durch die Lehrkräfte in die Schule (die kommen biographisch und was ihre Ausbildung anbelangt immer mehr oder weniger aus der Vergangenheit), als vielmehr durch die Schüler*innen. Weitsichtigkeit fühlt sich also der (guten) Zukunft der Schüler*innen verpflichtet.

- **An den Schüler*innen orientiert.** Zukunft ist etwas Gesellschaftliches, sie ist aber auch höchst persönlich, individuell. In konkreten Momenten im Unterrichtsprozess entsteht immer wieder persönliche Zukunft von Schüler*innen durch das, was sie begreifen, was sich ihnen erschließt, was sie lernen. „Daher ist für eine lernseitige Orientierung die Lenkung der Aufmerksamkeit auf die entstehende Zukunft bedeutsam. Die Öffnung des Lernens auf die entstehende Zukunft erfordert eine Offenheit, die nicht nur kognitiv wirksam wird, sondern eine ganzheitliche (…) Erfahrung ist. Es lernt immer der Mensch in seiner ganzheitlichen Verfassung. (…) Daher ist Lernen auch ein sehr intimer und damit auch verletzlicher Vorgang.“ (Schratz, 2018, S.12)

- **Wachsam.** Weitsichtigkeit bedarf der ständigen Wachsamkeit. In zweierlei Hinsicht. Nicht nur können Entwicklungen übersehen, verschlafen werden. Es bedarf auch – was schwieriger ist – der Beurteilung und des Ziehens von Konsequenzen. Die Zukunft ist unvermeidlich. Es kommt darauf an, sich auch nach bestem Wissen und Gewissen – und dann sehr engagiert – zu positionieren.

- **Die 21. Century Skills.** Freilich ist die Zukunft ungewiss. Dennoch ist es interessant, sich mit dem auseinanderzusetzen, was Menschen, die die gegenwärtige Gesellschaft und die sich abzeichnenden zukünftigen Entwicklungen analysieren, an Herausforderungen auf die Mitglieder der zukünftigen Gesellschaft zukommen sehen. Für diese Herausforderungen – Haltungen und Kompetenzen oszillieren in den Begriffen – hat sich die Rede von den 21. Century Skills – oder der acht ‚C‘ im Englischen – (vgl. Burow 2017 und Sliwka/Klopsch 2022) etabliert.
  - *Curiosity:* Neugier auf die Welt und ihre Entwicklung. Zu erkunden, wie die Welt funktioniert, setzt voraus, dass man insbesondere in der Lage ist, Fragen zu stellen.
  - *Creativity:* Es leuchtet ein, dass die Antworten von gestern nicht unbedingt die Lösungen der Zukunft sein werden. Creativity meint die Fähigkeit, neue Ideen zu entwickeln. In einer zukunftsoffenen Schule wird diese Art von Kreativität im Kleinen eingeübt und praktiziert.
  - *Criticism:* Mit Informationen souverän umgehen zu können (was bedeutet, ihren Wahrheitsanspruch beurteilen zu können) und aus Informationen wohlbegründete Argumente ableiten und Urteile bilden zu können, ist eine

zentrale Fähigkeit angesichts der auch in diesem Buch immer wieder angedeuteten Herausforderungen.

- *Communication:* Gemeint ist, sich nicht nur im Gespräch im Hinblick auf eigene Gedanken und Gefühle klar ausdrücken zu können, sondern in der Kommunikation auch unterschiedliche Medien adäquat nutzen zu können.
- *Collaboration:* Hier geht es um die Fähigkeit der Zusammenarbeit, der gemeinsamen konstruktiven Arbeit an mehr oder weniger komplexen Sachverhalten.
- *Compassion:* Was wir immer wieder mit der Fähigkeit zur Empathie beschrieben haben, drückt sich in diesem Skill aus.
- *Composure:* Hier geht es um die Fähigkeit, sozusagen mit sich selbst in Kontakt zu sein, sich zu fühlen, gelassen und in persönlicher Balance zu sein.
- *Citizenship:* Immer wieder – vor allem im Kontext des Demokratiebewusstsein – wurde in diesem Buch auch von der Verantwortung gesprochen. Citizenship meint die Fähigkeit, für die Gestaltung der Gesellschaft Verantwortung zu übernehmen, sich einzubringen, sich konstruktiv zu beteiligen.

10.3 Mit der Leitidee einer Kultur der offenen Schule arbeiten

Die in Anlehnung an die Offene Gesellschaft skizzierte Kultur einer offenen Schule ist keine Kopiervorlage für das Leitbild einer konkreten Schule. Die Kultur einer offenen Schule beschreibt eine Leitidee (vielleicht sogar eine Art Leitkultur, deren zentrales Merkmal aber gerade die Offenheit und das Festhalten an den Werten der aufgeklärten oder um Aufklärung bemühten Gesellschaft ist), die in der Arbeit der Schulen und im Selbstverständnis der in Schulen Tätigen lebendig und stets gegenwärtig sein sollte. Es geht hier also gerade nicht um einen klassischen Leitbildprozess und darum, dass am Ende gewichtige Sätze in einer schön anzusehenden Broschüre stehen, sondern darum, dass in den Kollegien auf dem Hintergrund der konkreten Erfahrungen der Schule engagiert der offene Dialog stattfindet. Dafür gibt es – man muss nur die Zeitung aufschlagen oder mit Schulklassen ins Gespräch kommen – fast täglichen Anlass. Wenn dann Bausteine aus der Skizze der Kultur einer offenen Schule am Ende eines intensiven Prozesses auch den Weg ins konkrete Leitbild einer Schule finden, dann mag das gut so sein.

Auf jeden Fall zeigen diese Ausführungen, dass die Verantwortung einer Schule sehr groß ist. Und sie zeigen, dass die Führung und Entwicklung einer Schule und das Miteinander eines Kollegiums immer auch eine gesellschaftlich-politische Dimension hat: Schulen können starke Motoren der Veränderung einer Gesellschaft sein. Man sollte sie dabei (s. a. Kap. 12) nach Kräften unterstützen.

Und noch etwas wird klar: Schulentwicklung kommt nie an ihr Ende. Und so verständlich es ist, wenn Kolleg*innen und die Schulleitung mit den zahlreichen Aufgaben und Problemen des Alltags beschäftigt sind, so notwendig ist es auch, dass sie gemeinsam mit aller ihrer Erfahrung sich für die Zukunft des Gemeinwesens auf der Grundlage der freiheitlich-demokratischen Grundordnung mit ihrer Arbeit an der Schule einsetzen.

11 Und wo bleibt die Leistung?

In Kapitel 4 haben wir gesehen, dass die Schule im Wesentlichen drei Ziele (intendierte Ergebnisqualität) anstrebt:

- Leistungsergebnisse (fachliche Kompetenzen)
- Nichtfachliche und überfachliche Kompetenzen (z. B. Selbstkompetenz, Sozialkompetenz, Medienkompetenz etc.)
- Werte und Haltungen

11.1 Der eingeschränkte Stellenwert der Werteorientierung in der Schule

Der in den vorausgehenden Kapiteln beschriebenen Werteorientierung und Wertebildung wird zwar kaum widersprochen, im Gegenteil, viele der angesprochenen Ziele tauchen in zahlreichen schulischen Leitbildern auf. Allein die Praxis bleibt im Hinblick auf Konsistenz und Nachhaltigkeit hinter den Leitvorstellungen meistens zurück, weshalb auch kaum von Effektivität gesprochen werden kann und die Ergebnisqualität bei der Wertebildung – könnte man sie valide messen – wahrscheinlich sehr unbefriedigend ausfallen dürfte.

Das hat vermutlich unterschiedliche Gründe. So gibt es möglicherweise kein einheitliches Verständnis von Werteorientierung und wirksamer Wertebildung im Kollegium. Vielleicht fühlen die Kolleg*innen sich mit der Wertebildung auch überfordert und haben das Gefühl, gegen Windmühlen zu kämpfen. Auch die dichte Taktung eines Unterrichtsvormittags und der Stress im System können dazu beitragen, dass der Werteorientierung im schulischen Alltag nicht der Platz eingeräumt wird, den sie eigentlich haben sollte.

11.2 Schulen sind auf Leistung getrimmt

Ein gewichtiger Grund liegt aber mit Sicherheit darin, dass die Werte und Haltungen innerhalb der obigen Zieltrias den geringsten Stellenwert haben. Oder mit anderen Worten: Die Schulen sind darauf ausgerichtet, möglichst gute Leistungsergebnisse aus dem Fachunterricht heraus zu produzieren, was bedeutet, dass in der täglichen Praxis der Fokus auf den fachlichen Kompetenzen liegt – nahegelegt durch die unterrichtliche Struktur des Fächerkanons und der Stundentafel. Auf jeder Schule lastet ein erheblicher Leistungsdruck, der durch Vergleichsarbeiten (die durchaus Sinn machen, schließlich soll eine Schule auch wissen, wo sie steht) und durch zentrale Abschlussprüfungen noch erhöht wird. Die Bedeutung der fachlichen Kompetenzen wird auch dadurch gestärkt, dass sie im Gegensatz zu Werten und Haltungen, aber auch zu nichtfachlichen und überfachlichen Kompetenzen (scheinbar) leichter gemessen und zueinander in Vergleich gesetzt werden können, was zu offenen oder heimlichen Rankings führen kann.

Die Folge ist, dass in den Schulen immer das fachliche Lernen im Mittelpunkt steht. Auch in der Öffentlichkeit und von Seiten der Eltern wird die Schule vor allem mit dem fachlichen Lernen assoziiert, schließlich wird mit den erzielten Leistungen auch über individuelle Lebenschancen entschieden. Die Werteorientierung, die eine Kultur der offenen Schule bedeutet, die ein reichhaltiges Schulleben voraussetzt, zu der eine lebendige und gut unterstütze Arbeit der Schüler*innenvertretungen u. v. a. m. gehört, steht mit dem fachlichen Lernen in Konkurrenz um die zeitlichen Ressourcen, die der Schule, den Lehrer*innen zur Verfügung stehen. Zumindest ist das der vordergründige Eindruck und das gewichtige Entlastungsargument der Kolleg*innen.

Doch ist dieser Eindruck, ist dieses Argument auch stichhaltig? – Diese Frage ist aufgrund der schlechten Forschungslage möglicherweise nicht ganz einfach und nicht abschließend zu beantworten.

11.3 Werteorientierung und Wertebildung fördern die Leistungsbereitschaft der Schüler*innen

Doch es gibt starke Indizien, dass genau das Gegenteil richtig sein könnte: Dass also das gleichzeitige und sorgfältige Bemühen um Werteorientierung und um Leistungsorientierung kein Widerspruch sind.

Mit dem Deutschen Schulpreis liegen nun mittlerweile seit 2006 Erfahrungen zu ‚guten' Schulen vor. Der Deutsche Schulpreis hebt zwar nicht explizit und schon gar nicht mit einer elaborierten Systematik, wie sie in diesem Buch entfaltet wurde, auf Werte ab, aber zu den sechs maßgeblichen Kriterien gehören Aspekte, die klar werteorientiert sind und als Merkmale einer offenen Schule gelten können. Unter den sechs Kriterien (die Nummern geben die Reihenfolge, nicht die Rangfolge der Kriterien wieder) sind neben der (1) Unterrichtsqualität, der (2) Leistung und der (6) Schule als lernender Organisation insbesondere die Kriterien (3) Umgang mit Vielfalt, (4) Verantwortung und (5) Schulklima, Schulleben und außerschulische Partner zu nennen (s. Deutscher Schulpreis).

Und in der Tat ist es so, dass die Preisträgerschulen nicht nur im Hinblick auf das Lernen sehr innovative Ansätze zeigen, sondern dass sie meist auch eine wertschätzende Feedbackkultur aufgebaut, alternative Bewertungssysteme eingeführt und vor allem einen starken Akzent auf dem Schulleben, der Schulkultur haben. Sie zeichnen sich in der Regel durch ein insgesamt wertschätzendes Schulklima aus. In der Praxis dieser Schulen bedeutet das, dass in diese Bereiche und in das Zwischenmenschliche sehr viel Sorgfalt und Zeit investiert wird. Erfreulicherweise geht das nicht auf Kosten der Leistung der Schüler*innen. Das genaue Gegenteil ist der Fall: Fühlen sich Schüler*innen wertgeschätzt und dort abgeholt, wo sie stehen, nimmt auch ihre Leistungsbereitschaft zu. In einer offenen Schule erleben Schüler*innen mehr positive Emotionen und fühlen sich wertgeschätzt. Sie sind nicht nur motivierter, auch ihre Selbstwirksamkeit und das Selbstvertrauen und das Selbstwirksamkeitsgefühl nehmen zu. Mit erhöhter Leistungsbereitschaft werden auch die tatsächlichen Leistungen steigen.

Interdependenzen im Hinblick auf die intendierte Ergebnisqualität

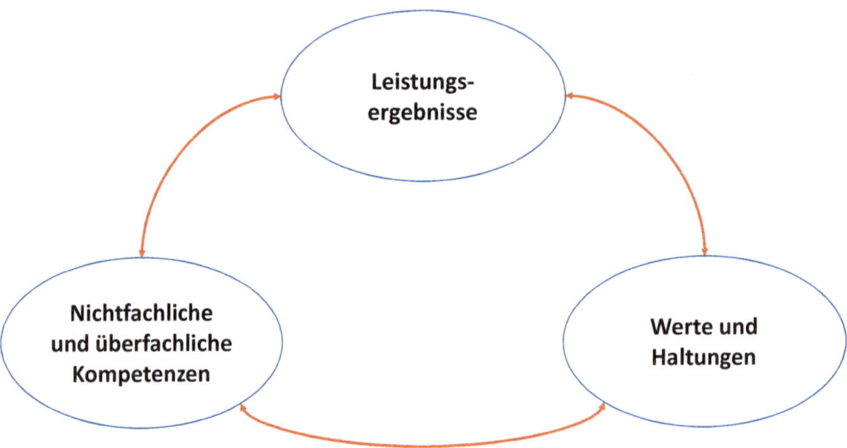

Allerdings darf die Werteorientierung, die eigenständiges Ziel ist (sozusagen um ihrer selbst willen, um der Schüler*innen willen), nicht instrumentalisiert werden. Sie ist kein Mittel zum Zweck guter Leistungen, sie zu instrumentalisieren würde sie vermutlich aushöhlen und ihre Glaubwürdigkeit und damit auch Wirkung verlieren lassen. Aber infolge der Interdependenzen der angestrebten Ziele ist es ein schöner Nebeneffekt gelebter Werteorientierung, dass sie den Schüler*innen Halt und Bedeutung gibt und auf diesem Wege dazu beiträgt, dass sich auch ihre Leistungen steigern und Jugendliche sich entfalten können und zeigen können, was in ihnen steckt.

Das ist Anlass genug, die Werteorientierung und Wertebildung in der Schule nicht länger als ‚so nicht machbar' anzusehen, sondern einen Schwerpunkt darauf zu legen und mit etwas Geduld dann zu erleben, dass sich das Klima an einer Schule deutlich ins Positive kehrt und mittelfristig auch die Leistungsbereitschaft und auch die Leistungsfähigkeit (im Sinne psychischer und physischer Gesundheit) der Schüler*innen steigt – gerade auch der Schüler*innen, die häufig zu den Abgehängten, den Verlierern unseres Schulsystems gehören. Damit würde sich auch ein deutlicher und vermutlich sogar messbarer Schritt in Richtung der immer wieder geforderten Bildungsgerechtigkeit ergeben. Allerdings – und damit wird sich das nächste und letzte Kapitel beschäftigen – kommt es neben dem Engagement der Schulen auch darauf an, dass die Schulen in diesem Bemühen, der Werteorientierung und der Wertebildung mehr Gewicht zu geben und die nötige Sorgfalt zu widmen, Rückendeckung brauchen und von sehr konkreten bildungspolitischen Maßnahmen und Weichenstellungen der Länder und teilweise der Kommunen Unterstützung erfahren.

12 Werteorientierung in der Makrosteuerung

Die Werteorientierung ist eine zentrale und nie abgeschlossene Aufgabe jeder Schule. Entsprechend lag das Augenmerk der bisherigen Überlegungen auch bei den Schulen und ihren Möglichkeiten.

Nun soll aber abschließend noch gezeigt werden, dass die Schulen mit dieser Aufgabe nicht allein gelassen werden dürfen. Sie brauchen Unterstützung und Entlastung. Das ist insofern eine gerechtfertigte Forderung, als die Schulen auch in dieser zentralen Aufgabe im Interesse und Auftrag der Gesellschaft handeln. Tatsächlich aber tut die Politik wenig, um die Schulen, die Lehrer*innen in der Arbeit der Wertebildung zu unterstützen.

Im Laufe der vorausgehenden Kapitel wurde immer wieder darauf hingewiesen, dass die Möglichkeiten der Schule in dieser oder jener Hinsicht begrenzt seien und es einer deutlichen politischen Unterstützung – durch das Land, durch die Kommunen – bedürfe.

Wir wollen abschließend die Möglichkeiten und Notwendigkeiten dieser Unterstützung – oft ist es auch eine Art Vorentlastung im Sinne einer Ermöglichung oder Erleichterung – etwas genauer und geordnet in acht Bereichen darlegen.

12.1 Schulbau und Ausstattung der Schulen

Die Bedeutung von Räumen und ihrer Ausstattung für das Leben und Lernen der Schüler*innen (und Lehrer*innen) in der Schule haben wir in Kap. NN dargelegt. Schulen – insbesondere Ganztagesschulen – sind nicht nur Lern-, sondern auch Lebensräume. Für die in der Schule stattfindende Werteorientierung und als Grundlage einer darauf aufbauenden Wertebildung bilden die Räume und die Raumgestaltung einen wichtigen Rahmen. Sie sprechen sozusagen eine eigene, deutliche Sprache. Insofern müssen bei Schulbauten eine vielfältige und differenzierte Funktionalität (sowohl im Hinblick auf Lernen als auch im Hinblick auf Leben) mit einladender und wohltuender Ästhetik (Wellbeing) zusammenkommen. Die Schulen können mit eigenen Mitteln sicher manches in Sachen Schulverschönerung tun. Und es ist auch richtig, dass eine Sensibilisierung von Schulleiter*innen und Lehrer*innen im Hinblick auf eine einladende Schulgestaltung immer wieder stattfinden muss. Dennoch ist darauf hinzuweisen, dass den Schulen durch ihre mangelnde finanzielle Ausstattung und das nur häufig nur geringe Interesse der Schulträger an Fragen der Schulgestaltung oft die Hände – vor allem für konsistente und nachhaltige Maßnahmen – gebunden sind. Die Länder und Kommunen sind an dieser Stelle gefragt, nicht nur mehr Mittel für Schulbauten, Erweiterungs- und Sanierungsmaßnahmen zur Verfügung zu stellen, sondern mit Interesse die Schulen perspektivisch bei der Schulgestaltung zu unterstützen.

12.2 Bildungsplan, Qualitätsrahmen und Stundentafel

Die Bildungspläne sind traditionell kognitionslastig. Die Wertebildung spielt in ihnen zwar eine Rolle, aber im Allgemeinen nur im Kontext der Behandlung bestimmter Themen innerhalb bestimmter Fächer (Ethik, Religion, Politik etc.) oder in Form von fächerübergreifenden Querschnittsthemen (Ökologie, Naturschutz, etc.). Nun haben wir aber gesehen, dass die Werteorientierung und Wertebildung ein wesentlich breiteres Fundament, einen ermöglichenden Rahmen brauchen. Der diskursive Ansatz ist wichtig, aber bei weitem nicht ausreichend. Das sollte in den Bildungsplänen auch deutlicher verankert und so formuliert werden. Entsprechend ist die Werteorientierung auch in den Qualitätsrahmen aufzunehmen und dort zu beschreiben. Für die schulische Praxis, die weitestgehend durch die Stundentafel vorgegeben ist, wären Flexibilisierungen vorzunehmen, die den Schulen größere Freiräume für fächerübergreifende Projekte, Epochenunterricht und punktuelle oder dauerhafte Umwidmungen von Stunden geben – bis hin zu Frei-Tags-Konzepten für die höheren Klassen.

12.3 Noten und Prüfungen

Die bestehende Notenpraxis ist nicht nur in hohem Maße fehleranfällig und teilweise wenig aussagekräftig. Sie klassifiziert und fördert das kompetitive Denken schon in sehr jungen Jahren. Schrittweise sollte die herkömmliche Notengebung zurückgefahren und durch formative Feedbackformen, die die Individualität und die persönliche Leistungsentwicklung würdigen, ergänzt werden (vgl. Beutel/Pant 2020 und Beutel/Marx/Pant 2022).

Auch die gängigen Formen der Abschlussprüfungen (z. B. Abitur), die hoch formalisiert sind (standardisierte Aufgabenformate, enger Prüfungskorridor, einheitlicher Prüfungstermin) und damit Objektivität und Einheitlichkeit suggerieren, aber einen in hohem Maße rituellen Charakter haben, ließen sich durch wesentlich solidere und gleichzeitig differenzierte und damit aussagekräftigere Formen der Überprüfung von Wissen und Kompetenzen (vgl. Baumann 2007 und 2014) ersetzen.

12.4 Fortbildung

Die Sensibilisierung der Lehrer*innen für die Werteorientierung und die Wertebildung ist in erster Linie eine Aufgabe der Schule und eine gemeinschaftliche Herausforderung für jedes Kollegium. Dennoch ist es unumgänglich, dass auch die Länder das Mittel der zentralen Fortbildungen als Steuerungsinstrumente sehen und auch im Hinblick auf die Werteorientierung und Wertebildung in den Schulen einsetzen. So ist es von großer Bedeutung, zunächst die Schulleitungen über Fortbildungen mit der Thematik der Werteorientierung und Wertebildung zu erreichen und auf der einen Seite die Notwendigkeit, auf der anderen Seite die schulischen Möglichkeiten mit ihnen zu erörtern. Und natürlich ist es hilfreich, wenn Teams von Kolleg*innen auf entsprechenden Fortbildungen zur Werteorientierung und Wertebildung sensibilisiert und qualifiziert werden, mit hoher Motivation Werteorientierungs- und Wertebildungsprozesse an der Schule zu unterstützen und zusammen mit der Schulleitung und dem ganzen Kollegium voranzubringen.

12.5 Supervision und Coaching

Für die Werteorientierung spielen, wie wir gesehen haben, Haltungen und Überzeugungen der Lehrer*innen, die sich auch aufgrund der Erfahrungen in der Praxis herauskristallisiert haben, eine entscheidende Rolle. Vielfach ist eine Revision des eigenen Verhaltens nur auf der Grundlage einer angeleiteten Reflexion möglich. Angebote für Supervision und Coaching für Lehrkräfte – gerade auch unter dem Aspekt der Werteorientierung und der Wertebildung – sollten vielfältig und niederschwellig verfügbar sein. Gerade im sensiblen Bereich der Werteorientierung und Wertebildung ist es dringend angezeigt, Supervision zu einem festen Bestandteil der Professionalität des Lehrberufs zu machen.

12.6 Primäre und sekundäre Lehrer*innenbildung

Wenig, um nicht zu sagen gar keine Bedeutung kommt bislang der Werteorientierung bei der Ausbildung der Lehrkräfte in der ersten und zweiten Phase zu. Wird das Studium von fachlichen Fragen dominiert, steht im Referendariat die Didaktik des Unterrichts im Vordergrund. Es ist eher dem Zufall überlassen, ob in den Praxisphasen Aspekte der Wertebildung und Werteorientierung angesprochen werden. Praktikant*innen und Referendar*innen orientieren sich natürlich in ihrer Ausbildung an Verhaltensmustern, die ihnen auch auf dem Hintergrund ihrer eigenen schulischen Erfahrungen und ihrer familiären Sozialisation als erfolgversprechend erscheinen. Das geschieht aber ohne eine angeleitete Reflexion. Gerade in der Berufseingangsphase erscheint eine verpflichtende Supervision unabdingbar. Die bisherige Praxis der Lehrer*innenbildung wird den Ansprüchen der Professionalität im Lehrberuf bei Weitem nicht gerecht. Das bedeutet, dass Junglehrer*innen im Grunde schlecht vorbereitet in diesen Beruf starten und die Ausbildung ihrer Berufskompetenz zu einem erheblichen Teil dem Zufall überlassen bleibt. (vgl. Terhart 2022)

12.7 Evaluation

Wir haben bereits schulinterne Evaluationsmöglichkeiten entlang der unterschiedlichen Handlungsfelder im Hinblick auf die Werteorientierung und Wertebildung kennengelernt. Im Zuge des Bildungsmonitorings der Länder sollte – neben dem Versuch, einen Überblick über das Erreichen von fachlichen Kompetenzen – auch die Ausprägung der Werteorientierung (entsprechend des oben bereits angesprochenen Qualitätsrahmens) an den Schulen erfasst werden (vgl. Prenzel & Seidel, 2022). Damit erhielte die Werteorientierung in der täglichen schulischen Praxis mehr Aufmerksamkeit und das Bemühen, um Werteorientierung und Wertebildung an den Schulen mehr Gewicht.

12.8 Forschung

Schlussendlich wäre es wünschenswert, wenn es eine breit aufgestellte Forschung zu Werteorientierung und zur Wertebildung an den Schulen gäbe (vgl. Handel & Ziegler, 2022). Es mag zunächst schwer vorstellbar sein, wie entsprechende Forschungsansätze und Forschungsdesigns aussehen könnten, die die Erforschung der auf den ersten Blick möglicherweise schwer erfassbaren Werteorientierung und Wertebildung zum Ziel haben. Vielversprechende Ansätze mit neuartigen Forschungsdesigns aus dem Bereich der Erforschung, wie Schulleitung wirkt (Schratz 2022), könnten hier durchaus Orientierung geben. Ziel sollte sein, dass die Länder – oder der Bund oder auch die EU – entsprechende Forschungsvorhaben ausschreiben und finanzieren.

Werteorientierung und Wertebildung darf nicht nur etwas sein, was in der Verfassung eines Landes und im Schulgesetz steht. Es darf nicht nur bei der Absicht und dem Auftrag an die Akteure, das irgendwie zu machen, bleiben. Zwar ist es richtig, dass der Erfolg der Werteorientierung mit dem Agieren eines Kollegiums, dem Zusammenspiel von Struktur- und Prozessqualität vor Ort, und der Geschlossenheit eines Kollegiums steht und fällt. Genauso richtig ist aber auch, dass das Agieren eines Kollegiums in einem passenden, unterstützenden Rahmen stattfinden kann, der der Werteorientierung und Wertebildung selbst den nötigen Wert beimisst. Hier sehen wir eine große Entwicklungsaufgabe insbesondere bei den für die Schulen zuständigen Ländern, aber auch bei den Kommunen.

Anhang

Fragen zur Reflexion und Standortbestimmung im Hinblick auf die werteorientierte Schulentwicklung entlang der Kapitel des Buches

1 Ausgangspunkt Menschenwürde

	Fragen	**Raum für Notizen, Anregungen, Einschätzungen, Vorhaben etc.**
1	Gibt es im Kollegium einen Diskurs zur Menschenwürde in der Schule?	
2	Ist die UN-Kinderrechtskonvention an der Schule bekannt?	
3	Sieht die Schule (die Schulleitung, das Kollegium), welche Bedeutung das Bemühen um Werteorientierung und Wertebildung im Hinblick auf die Gesellschaft und aktuelle Tendenzen hat?	
4		

2 Wertebildung vor dem Hintergrund gesellschaftlicher und globaler Tendenzen

	Fragen	Raum für Notizen, Anregungen, Einschätzungen, Vorhaben etc.
1	Gibt es im Kollegium einen Diskurs zu den gesellschaftlichen und globalen Tendenzen?	
2	Ist sich das Kollegium der Verantwortung und seiner Zukunftsbedeutung als Schule bewusst?	
3	Was unternimmt die Schule gegen die Bildungsungerechtigkeit?	
4	Wie ist die Schule hinsichtlich Integration und Inklusion aufgestellt?	
5	Wie gestaltet die Schule die Digitalisierung?	
6	Wie hat sich die Schule zu jugendlichen Protestbewegungen (z. B. Fridays for Future) positioniert?	
7		

3 Defizite der Schulen im Hinblick auf Werte und die Wertebildung

	Fragen	Raum für Notizen, Anregungen, Einschätzungen, Vorhaben etc.
1	Welche Rolle spielt negatives Lernen in der Schule?	
2	Wie steht die Schule im Hinblick auf Architektur und Gestaltung der Räume und Flure da?	
3	Unterstützt die Schule – wenn ja: wie? – das Sich-Wohlfühlen (Wellbeing) der Schüler*innen?	
4	Gibt es im Kollegium gemeinsame Vorstellungen von Erziehung und Bildung?	
5	Wie ist der Umgang der Kolleg*innen mit den Schüler*innen? Welcher Ton wird gepflegt?	
6	Wie wird bei Ausgrenzung von Schüler*innen und bei (Cyber-)Mobbing reagiert?	
7		

4 Grundrechte, abgeleitete Normen und korrespondierende Haltungen

	Fragen	Raum für Notizen, Anregungen, Einschätzungen, Vorhaben etc.
1	Welche Ergebnisqualität strebt die Schule an?	
2	Welche schulischen Ziele stehen im Leitbild der Schule?	
3	Was wird getan, um die Ziele (die Ergebnisqualität) zu erreichen?	
4	Gibt es an der Schule einen Konsens über den Ansatz der Menschenwürde als Leitnorm und die sich daraus ableitenden Konsequenzen?	
5	Sind sich die Kolleg*innen bewusst, dass es auf ihre Haltung (und das daraus resultierende Verhalten) gegenüber den Schüler*innen ankommt?	
6	Welche Rolle spielen Achtsamkeit, Fairness, Respekt und Toleranz im Kollegium?	
7	Was tut die Schule für die Entwicklung des Demokratiebewusstseins der Schüler*innen?	
8	Wie ist es um das Umweltbewusstsein (die Bildung für nachhaltige Entwicklung) an der Schule bestellt?	
9		

5 Wertebildung findet immer in konkurrierenden Kontexten statt – Herausforderungen und Grenzen

	Fragen	Raum für Notizen, Anregungen, Einschätzungen, Vorhaben etc.
1	Nehmen die Kolleg*innen ihren Vorsorgeauftrag, ihre advokatorische Verantwortung gegenüber den Schüler*innen wahr?	
2	Sind den Lehrer*innen das ‚Überwältigungsverbot' und das ‚Gebot der Kontroversität' (Beutelsbacher Konsens) geläufig?	
3	Wie gehen die Lehrer*innen mit schulfremden Einflüssen (Peers, soziale Medien etc.) auf die Wertebildung der Kinder und Jugendlichen um?	
4		

6 Wertebildung als Aspekt der Pädagogik der Jugendphase

	Fragen	Raum für Notizen, Anregungen, Einschätzungen, Vorhaben etc.
1	Wie wird im Kollegium über die Herausforderungen der Pubertät gesprochen?	
2	Wie geht das Kollegium mit adoleszenzbedingten Veränderungen und Entwicklungen um?	
3	Sind sich die Kolleg*innen der besonderen Chancen der Pubertät im Hinblick auf die Wertebildung bewusst?	
4	Wie trägt die Schule dem Heranwachsen Rechnung?	
5	Gibt es im Kollegium ein Bemühen, die Herkunft der Schüler*innen zu kennen und nach Möglichkeit herkunftsbedingten Benachteiligungen entgegenzuwirken bez. sie zu kompensieren?	
6		

7 Wertebildung in der Schule – Handlungsfelder und Konkretisierungsmöglichkeiten

	Fragen	**Raum für Notizen, Anregungen, Einschätzungen, Vorhaben etc.**
1	Wie groß ist die Bereitschaft im Kollegium, sich auf Schulentwicklungsprozesse zur Wertebildung und Werteorientierung einzulassen?	
2	Kann das Kollegium mit der Unterscheidung zwischen Struktur- und Prozessqualität umgehen?	
3	Ist sich das Kollegium der Handlungs- und Steuerungsmöglichkeiten im Hinblick auf Struktur- und Prozessqualität bewusst?	
4	Ist sich das Kollegium der Komplexität und Vielschichtigkeit bei der Werteorientierung und Wertebildung bewusst?	
5	Gibt es im Hinblick auf die Werteorientierung und Wertebildung dringliche Handlungsfelder an der Schule?	
6	Wie entwickelt sich die Schulkultur? Wie lässt sich das Schulklima beschreiben?	

7	Gibt es an der Schule eine Fehlerkultur und einen Konsens darüber?	
8	Welche Rolle kommt der Demokratiebildung an der Schule zu?	
9	Wie engagiert wird im Unterricht der Wertediskurs gepflegt?	
10	Welche Sorgfalt und Umsicht lassen die Kolleg*innen im Interesse eines wirkungsvollen Wertediskurses walten?	
11	Ist Projektunterricht an der Schule verankert, werden Deeper-Learning-Phasen praktiziert?	
12	Wie werden an der Schule werterelevante Kompetenzen gefördert?	
13		

8 Werteorientierte Schulentwicklung

	Fragen	Raum für Notizen, Anregungen, Einschätzungen, Vorhaben etc.
1	Findet an der Schule eine (dezidiert) werteorientierte Schulentwicklung statt?	
2	Gibt es Protagonisten der Wertebildung an der Schule? Welche Stellung, welchen Einfluss haben sie?	
3	Ist die Schulleitung in die werteorientierte Schulentwicklung eingebunden?	
4	Welche Rolle spielen Widerstände im Hinblick auf die werteorientierte Schulentwicklung? Wie können sie überwunden werden?	
5	Greifen Struktur- und Prozessqualität im Hinblick auf die Werteorientierung und Wertebildung gut und wirkungsvoll ineinander? Welchen Handlungsbedarf gibt es möglicherweise? Welche Schwerpunkte sind zu setzen?	
6	Wie arbeitet die Schule an der Verbesserung ihrer Prozessqualität?	
7	Braucht die Schule bei der Weiterentwicklung der Prozessqualität Hilfe (Supervision, Coaching, Fortbildung) von außen?	
8	Wie vergewissert sich die Schule ihrer Wirkung im Hinblick auf die Prozessqualität?	
9		

9 Schulen stärkenorientiert führen – Positive Leadership

	Fragen	Raum für Notizen, Anregungen, Einschätzungen, Vorhaben etc.
1	Wird in der Schule von der Schulleitung (und allen Führungskräften) wertschätzendes Führungsverhalten praktiziert?	
2	Inwieweit gelingt es der Schulleitung die sog. PERMA-Faktoren umzusetzen?	
3	Ist die Führungskultur im Hinblick auf die Werteorientierung und Wertebildung konsistent und authentisch?	
4		

10 Werteorientierung und Wertebildung: Die Kultur einer offenen Schule

	Fragen	Raum für Notizen, Anregungen, Einschätzungen, Vorhaben etc.
1	Inwieweit kann man an der Schule von einer ‚Kultur der offenen Schule' sprechen?	
2	Wie offen ist die Schule im Hinblick auf die Unterschiedlichkeit und Vielfalt der Schüler*innen?	
3	Gibt es an der Schule Zeitkonzepte (z. B. Ganztag), von denen die Schüler*innen profitieren?	
4	Gibt es ein Raumkonzept, das über die fachlich-unterrichtliche Funktionalität hinausgeht?	
5	Nimmt die Schule Expertise von außen wahr?	
6	Wird in der Schule eine Begegnungskultur gefördert?	
7	Was tut die Schule für die Völkerverständigung und gegen Rassismus?	
8	Wie bereitet die Schule ihre Schüler*innen auf die Zukunft vor?	
9		

11 Und wo bleibt die Leistung?

	Fragen	Raum für Notizen, Anregungen, Einschätzungen, Vorhaben etc.
1	Wie sehr ist die Schule auf Leistung (fachliche Kompetenzen) fokussiert?	
2	Wie ist der Stellenwert, den die Werteorientierung und Wertbildung einnehmen, zu beschreiben? Geschieht die Werteorientierung und Wertebildung nachhaltig? Geschieht sie genügend gut?	
3	Besteht an der Schule ein Konsens, dass Werteorientierung und Wertebildung zwar mit hohem Aufwand verbunden sind, aber die Leistungsbereitschaft der Schüler*innen fördern?	
4		

12 Werteorientierung in der Makrosteuerung

	Fragen	**Raum für Notizen, Anregungen, Einschätzungen, Vorhaben etc.**
1	Wo stößt die Schule bei der Werteorientierung und Wertebildung an Grenzen, für die sie nicht verantwortlich ist?	
2	Sind die schulischen Handlungsspielräume wirklich ausgeschöpft?	
3	Wofür sollte ggf. auch politisch gekämpft werden? Welche Schritte wären dafür möglich oder notwendig?	
4		

Verzeichnis der Kästen und Abbildungen

Kästen

Abbildungen

Literatur

Baumann, J, (2012) Schule geht auch besser, Eine kritisch-konstruktive Auseinandersetzung mit Bildung und Schule in Deutschland, Baltmannsweiler (Schneider-Verlag)

Baumann, J. (2007) Anregungen zur Weiterentwicklung des Abiturs in Deutschland, in: Lehren und Lernen 8/9-2007, Villingen-Schwenningen (Neckar-Verlag)

Baumann, J. (2014) Die KMK sollte das Abitur neu denken – nicht nur wegen des Abiturs, in: Stöffler, F./Förtsch, M. (Hrsg.) (2014) Abitur im eigenen Takt, Die flexible Oberstufe zwischen G8 und G9, Weinheim (Beltz)

Baumann, J. (2017) Lehrer sein! Ein Plädoyer für Leidenschaft und Professionalität in einem anspruchsvollen Beruf, Seelze (Friedrich-Verlag, Klett Kallmeyer)

Baumann, J./Götz, T. (2021) Schulleitung und Schulentwicklung für Fortgeschrittene, Weinheim (Beltz)

Baumann, J./Götz, T. (^{2}2023) Schulleitung! Der Praxisleitfaden, Weinheim (Beltz)

Beljan, J. (^{2}2019) Schule als Resonanzraum und Entfremdungszone, Weinheim (Beltz Juventa)

Berkemeyer, J. (2019) Die Ganztagsschulreform, in: Berkemeyer, N./Bos, W./Hermstein, B. (Hrsg.) (2019) Schulreform; Zugänge, Gegenstände, Trends, Weinheim (Beltz)

Beutel, S./Pant, H. (2020) Lernen ohne Noten, Stuttgart (Kohlhammer)

Beutel, S./Marx, A./Pant, H. (2022) Leistungsbeurteilung im Spannungsfeld von Schulreform und Schulforschung, in: Steffens, U./Ditton, H. (Hrsg.) (2022) Makroorganisatorische Vorstrukturierungen der Schulgestaltung, Bielefeld (wbv)

Beutelsbacher Konsens unter: www.bpb.de/die-bpb/ueber-uns/auftrag/51310/beutelsbacher-konsens/ (20. 02. 2023)

Bohl, T. (2019) Reform der schulischen Leistungsbewertung: Rückblick, Stand, Gründe, Beispiele, in: Berkemeyer, N./Bos, W./Hermstein, B. (Hrsg.) (2019) Schulreform; Zugänge, Gegenstände, Trends, Weinheim (Beltz)

Bormann, I. (2019) Entwicklung und Verankerung eines Bildungskonzepts, in: Berkemeyer, N./Bos, W./Hermstein, B. (Hrsg.) (2019) Schulreform; Zugänge, Gegenstände, Trends, Weinheim (Beltz)

Burow, O. (2017) Bildung 2030 – Sieben Trends, die die Schule revolutionieren, in: Burow, O./Gallenkamp, C. (Hrsg.) (2017) Bildung 2030, Sieben Trends, die die Schule revolutionieren, Weinheim (Beltz)

Burow, O. (2/2022) Wertschätzende Schulleitung, Der Weg zu Engagement, Wohlbefinden und Spitzenleistung, Weinheim (Beltz)

Butterwege, C. (^{2}2020) Die zerrissene Republik, Wirtschaftliche und soziale Ungleichheit in Deutschland, Weinheim (Beltz Juventa)

Deutscher Schulpreis Merkmale guter Schulen (deutscher-schulpreis.de) (21. 02. 2023)

Ebner, M., & Götz, T. (2023) Positive Leadership – Schulen stärkenorientiert führen. Themenheft „Schulleitung & Personalentwicklung/Führungskultur", in: SchulVerwaltung

Eickelmann, B./Drossel, K. (2019) Digitalisierung im deutschen Bildungssystem im Kontext des Schulreformdiskurses, in: Berkemeyer, N./Bos, W./Hermstein, B. (Hrsg.) (2019) Schulreform; Zugänge, Gegenstände, Trends, Weinheim (Beltz)

El-Mafaalani, A. (^{2}2021) Mythos Bildung, Die ungerechte Gesellschaft, ihr Bildungssystem und seine Zukunft, Köln (Kiepenheuer & Witsch)

Engelmann, S. (2021) Lebensformen des Demokratischen, Pädagogische Impulse, Weinheim (Beltz Juventa)

Giesinger, J. (2019) Die Gerechtigkeitsperspektive in der Reform der Schule, in: Berkemeyer, N./Bos, W./Hermstein, B. (Hrsg.) (2019) Schulreform; Zugänge, Gegenstände, Trends, Weinheim (Beltz)

Götz, T. & Nett, U. (2017) Selbstreguliertes Lernen, in: Götz, T. (Hrsg.) Emotion, Motivation und selbstreguliertes Lernen (^{2}2017) S. 143-184, Paderborn (Schöningh)

Hattie, J. (2013) Lernen sichtbar machen, Baltmannsweiler (Schneider-Verlag)

Hattie, J. (2014) Lernen sichtbar machen für Lehrpersonen, Baltmannsweiler (Schneider-Verlag)

Händel, M. & Ziegler, A. (2022) Bildungspsychologische Forschung, in: Spiel, C. et al. Bildungspsychologie. Ein Lehrbuch (2., vollständig überarbeitete Auflage, S. 238-260) Göttingen (Hofgrefe)

Hufer, K./Schudoma, L. (2022) Die neue Rechte und die rote Linie, Weinheim (Beltz)

Hurrelmann, K./Quenzel, G. (13/2012) Lebensphase Jugend, eine Einführung in die sozialwissenschaftliche Forschung, Weinheim (Beltz-Juventa)

Koerrenz, R. (2019) Globale Bildung, in: Berkemeyer, N./Bos, W./Hermstein, B. (Hrsg.) (2019) Schulreform; Zugänge, Gegenstände, Trends, Weinheim (Beltz)

Kugler, F./Wößmann, L. (2019) Bildungserträge, in: Köller et al. (Hrsg.) (2019) Das Bildungswesen in Deutschland, Bestand und Potenziale, Bad Heilbrunn (Klinkhardt, UTB)

Lohaus, A./Vierhaus, M. (4/2019) Entwicklungspsychologie des Kindes- und Jugendalters für Bachelor, Berlin (Springer)

Oser, F./Spychinger, M. (2005) Lernen ist schmerzhaft, Weinheim (Beltz)

Popper, K. (7/1992) Die offene Gesellschaft und ihre Feinde 1, Tübingen (Mohr, UTB)

Popper, K. (6/1980) Die offene Gesellschaft und ihre Feinde 2, München (Francke, UTB)

Prenzel, M. & Seidel, T. (2022) Bildungsmonitoring und Evaluation, in: Spiel, C. et al. Bildungspsychologie. Ein Lehrbuch (2., vollständig überarbeitete Auflage, S. 343-368) Göttingen (Hofgrefe)

Prengel, A. (2020) Ethische Pädagogik in Kitas und Schulen, Weinheim (Beltz)

Preuss-Lausitz, U. (2019) Inklusion – eine widersprüchliche und komplexe Unterrichts- und Schulreform, in: Berkemeyer, N./Bos, W./Hermstein, B. (Hrsg.) (2019) Schulreform; Zugänge, Gegenstände, Trends, Weinheim (Beltz)

Schley, W./Schratz, M. (2021) Führen mit Präsenz und Empathie, Weinheim (Beltz)

Schratz, M. (2018) Schule und Unterricht lernseits denken, in: Lehren und Lernen 8/9-2018, Villingen-Schwenningen (Neckar-Verlag)

Schratz et al. (2022) Lernseits führen, Den Facettenreichtum im Schulleben erkunden, Hannover (Friedrich Verlag, Klett/Kallmeyer)

Schratz, M. (2023) Von den Besten lernen, Dem Führungshandeln an erfolgreichen Schulen auf der Spur, in: Lehren und Lernen 3-2023, Villingen-Schwenningen (Neckar-Verlag)

Sliwka, A. (2018) Pädagogik der Jugendphase, Wie Jugendliche engagiert lernen, Weinheim (Beltz)

Sliwka, A./Klopsch, B. (2022) Deeper Learning in der Schule, Pädagogik des digitalen Zeitalters, Weinheim (Beltz)

Sinus-Jugendmilieus unter: www.sinus-institut.de/sinus-milieus/sinus-jugendmilieus (20. 02. 2023)

Terhart, E. (2022) Die Lehrkräfte und ihre Bildung als Bedingung für Schulqualität, in: Steffens, U./Ditton, H. (Hrsg.) (2022) Makroorganisatorische Vorstrukturierungen der Schulgestaltung, Bielefeld (wbv)

Die Autoren

Johannes Baumann, war Lehrer und 30 Jahre Schulleiter am Gymnasium Wilhelmsdorf, war Lehrbeauftragter der Universität Konstanz, bildet Schulleitungen und Lehrkräfte weiter, ist Schulberater (auch im Rahmen des Deutschen Schulpreises) und Autor (nähere Informationen unter www.schule-geht-auch-besser.com).

Thomas Götz, Professor für Bildungspsychologie und gesellschaftliche Veränderungen an der Fakultät für Psychologie der Universität Wien; Forschungs- und Lehrschwerpunkte in den Bereichen Unterrichtsqualität, Selbstreguliertes Lernen und Emotionen im Lern- und Leistungskontext (weitere Informationen unter https://bildung-psy.univie.ac.at).